내 아이를 위한 그림 육아

0~3세 아이의 감성과
창의력을 키우는

내 아이를
위한
그림 육아

김지희 지음

차이
정원

─── 화가 김지희를 처음 만났을 때가 생각납니다. 당시에 그녀는 모든 면에서 빛나던 사람이었습니다.

어느 날 그녀가 엄마가 되었다는 소식을 들었습니다. 가로수길 한 카페에서 그녀를 만나 조심스럽게 입을 열었습니다.

"우리나라에 엄마들을 위한 미술 육아서가 거의 없는데, 지희가 쓰면 어떨까?"

고맙게도 그녀는 바로 "네!" 라고 대답해주었습니다. 그리고 마침내 이 책이 세상에 나오게 되었습니다.

저는 이 책이 우리나라 육아서 역사에 한 획을 긋게 될 가능성이 높다고 생각합니다. 그만큼 이 책은 독특하고 특별합니다.

감히 말하고 싶습니다. 이 책은 세상 모든 엄마들의 필독서가 되어야 한다고! 당신의 독서를 응원합니다.

— 이지성(작가)

─── 아이에게 가장 소중한 선물을 주고 싶은 부모에게, 아이를 훌륭한 화가나 창조적인 예술가로 키우고 싶은 부모에게 권하고 싶은 책입니다. 화가 엄마가 스스로 체험한 가장 확실하고 창조적이며 이상적인 그림 육아의 기록이기 때문입니다. 《태교명화》와 함께 이 책은 가장 소중한 선물이 될 것입니다.

— 김종근(미술평론가, 《태교명화》 저자)

─── 가끔씩 아이의 힘듦은 아빠에게도 온전히 전해집니다. 무언가를 해주지 못해서라기보다 아이 앞에서 낯선 자신의 모습에 더욱 힘들어하는 게 부모라면, 이 책은 그런 우리의 마음을 보듬어줍니다. 아이들에게 해주어야 할 무언가를 하나 보태는 육아 책이 아니라 잠시 아이들과 비슷한 상상을 하는 시간을 선물해주어 감사합니다. ─ 이강산(뉴욕대 사회과학대학 교수)

─── 태교 시기부터 유아기까지 그림이라는 매개체를 통해 내 아이에게 좋은 것만 보여주고 싶은 엄마의 마음을 담은 책입니다. 다양한 경험을 통해 아이들의 오감을 풍부하게 자극할 이 책을 저는 '아이들의 감성 사전'이라 명명하고 싶습니다. ─ 장혜진(가수)

─── 당구선수로서 치열하게 살던 제가 이제는 저보다 아이를 위한 삶을 살고 있습니다. 모든 게 처음이라 낯설고 두려웠던 시간, 내가 과연 좋은 엄마가 될 수 있을까 하는 마음이 들 때 저를 위로해준 것은 육아 선배인 김지희 작가의 이야기였습니다. 완벽하지 않더라도 최선을 다해 아이와 교감한 하루하루가 쌓여 당신의 육아도 그림처럼 빛나기를 희망합니다. ─ 차유람(당구선수)

─── 순수한 예술가인 아이들을 위하여 순수한 영혼의 예술가 이야기를 합니다. 김지희 작가님의 소리는 늘 따뜻합니다. 책을 통하여 또 다시, 찬란한 시간을 맞이하시길 바랍니다. ─ 구혜선(배우)

아이와 교감을 나누는 특별한 시간

육아에 지친 부모를 위로하는 그림의 힘

나의 20대를 돌아보면 정말이지 숨이 턱까지 차올랐다는 표현이 잘 맞았다. 시간이 오래 걸리는 동양화 재료를 주로 이용해서 현대인의 모호한 미소를 표현한 '실드 스마일Sealed Smile' 시리즈를 발표하고 활동하면서부터 도무지 쉴 틈이 없었다. 전시, 콜라보레이션, 출판 등 활동 영역이 넓어지고 작품이 대중적으로 노출되면서 작업량을 맞춰야 한다는 과제는 정상적인 생활을 허락하지 않았고, 늘 잠을 줄이고 체력을 고갈시키기 일쑤였다.

그러한 생활을 버티게 해준 것은 오직 그림이었다. 작품이 사랑받고 목표하던 작가로서의 삶이 하나씩 다가오며 이 일을 업으로 하는 삶에 당당해져가는 것이 내 유일한 동력이었다. 사실상 살아가는 대부분의 기쁨, 긍정적인 감정이 일에서 왔다고 해도 과언이 아니었다. 작품 활동을 하지 않는 내 모습은 상상할 수도 없었고 오직 좋은 작가가 되는 것만이 당시의 유일한 목표였다.

20대에도 결혼과 출산에 대한 생각은 물론 있었지만 실감이 나지는 않았다. 육아를 하면서도 나와 내 일을 잃지 않고 현명하게 발전해나가는 당당한 엄마가 되고 싶었고 막연하게나마 아이를 키우면서 일도 잘할 수 있지 않을까 생각했다.

그러다 결혼을 하고 눈발이 꽃잎처럼 떨어지던 날, 엄마가 되었다. 그날의 벅찬 기쁨은 여전히 생생하지만 아이를 키운다는 것은 단지 기쁨만으로는 설명되지 않는 육중한 책임이었다. 나의 막연했던 상상은 묵직한 현실이 되어 내 앞에 떨어졌다. 나는 일을 하는 화가 엄마였고 지난 30년을 오직 나를 위해 살던 사람이었다. 그랬던 내가 출산 후 대부분의 시간을 아기에게 쏟으며 살아가기란 쉬운 일이 아니었다. 세상을 처음 겪는 아이나 처음으로 내게서 태어난 존재를 돌보는 나나 혼란스럽기는 마찬가지였다.

아이를 돌보며 작품 활동을 하려다 보니, 아이가 혼자 놀거나 낮잠을 잘 때 틈틈이 그림을 그리고 집안일을 해야 했다. 온종일 아기와 씨름하다 보면 조리원에서 배운 아름다운 육아법은 먼 나라 이야기고 우는 아기를 달래기에 바빴다. 육아를 리

드한다기보다는 육아에 끌려 다니는 엄마에 가까웠다. 그렇게 남편이 퇴근할 무렵 녹초가 되어 다시 이젤 앞에 앉으면 초보 엄마는 아기에게 미안한 마음에 붓질이 무거워지곤 했다. 거기에 태어난 지 얼마 되지 않은 아이에게조차 무언가 교육적인 것을 해줘야 하지 않나 하는 조급함까지 더해지면서 아이의 빠른 성장이 때때로 나를 당황시키기도 했다.

그림 육아로 삶의 또 다른 동력을 만나다

아기 목에 제법 힘이 들어가기 시작할 무렵, 작업할 시간을 조금이라도 벌어보기 위해 이젤 옆에 그림이 보이는 방향으로 바운서를 놓고 그림을 그렸다. 바운서에 누워 그림의 다양한 색깔에 "아아" 소리 내어 웃기도 하고 반응을 보이는 아기를 보면서 그림 그리는 엄마가 가장 잘할 수 있는 육아가 무엇일지 생각하게 되었다. 나를 웃고 울게 했던, 온기 어린 위로로 어느 시절 가슴을 치고 지나갔던 작품들을 보여주고 이야기해주는 것. 화가 엄마가 경험해온 그림의 힘을 아이가 자연스레 즐기며 자라도록 도와주는 것이었다.

몇 시간씩은 아니더라도 어느 순간부터 딸아이는 그림 그리는 엄마와 엄마가 보여주는 명화에 익숙해졌다. 그림에 반응을 보이는 딸을 위해 오래된 화집과 미술사 책에서 보여주고 싶은 그림을 골라 이야기를 들려주거나 함께 미술 활동을 하기 시작했다. 시력이 완전히 발달하기 전에 피카소의 그림과 엄마표 초점 그림을 보며 초점을 맞추었고, 명화로 단어를 익히며 엄마와 놀이하듯 미술 활동을 즐겼다. 아이가 이해하지 못하더라도 언젠가 들려주고 싶은 메시지들을 그림을 통해 한 번 돌려 이야기하기도 했다. 언어는 통하지 않더라도 명화와 미술 활동을 통한 교감으로 엄마와 아이에게는 특별한 시간이 쌓여갔다. 그 시간을 통해 나는 비로소 삶의 또 다른 동력을 만나게 되었다. 아이는 나에게 20대 시절에는 몰랐던 희망을 선물해주었다.

아기에게 책 읽어주기의 효과는 이미 다양한 사례를 통해 입증되었다. 세상에 태어나서 초등학교에 들어가기까지 아이의 생각은 엄마가 읽어주는 책에 달려 있으며, 책 읽어주기만으로 글을 깨우치는 아이도 있다. 엄마와 책으로 교감하는 시간은 영유아 시절 애착 형성을 비롯해 이후 아이의 삶에도 큰 영향을 미친다.[1]

여러 연구 사례들에서 증명되었듯, 그림을 보여주고 이야기를 들려주는 행위가 아이에게 주는 긍정적인 영향이 분명 있을 것이다. 하지만 그런 것을 차치하더라도 그 순간은 엄마인 나에게도 따뜻한 시간이었다. 아이를 무릎에 앉히고 그림과 함께 이야기하는 시간이면 대화를 하지 않더라도 아이와 교감한다는 걸 느낄 수 있었다. 육아로 지쳤던 엄마의 마음은 따사로운 그림이 주는 안정에 물들어갔다.

아이와 같은 상상을 나누는 행복한 시간

처음 하나의 생명이 내 안에 자리한 날, 다만 행복한 아이로 자라주기만 바랐던 것을 기억한다. 그리고 우리가 함께 행복할 수 있었으면 하고 바랐다.

엄마와 나누는 안온한 순간에 반짝이는 명작들이 차곡차곡 쌓이다 보면 아기도 행복을 느끼고 엄마인 나에게도 아기의 살 내음이 배어나는 따뜻한 추억이 때론 치유와 희망의 시간이 되지 않을까.

특별히 이 책은 0~3세 아이와 함께하는 미술 활동으로 구성되었다. 나의 딸 린이가 세 살이 될 때까지 엄마로서 아이와 쌓은 미술 일기를 한 권의 책으로 엮은 것이다. 화가 엄마와 그림으로 교감한 즐겁고 의미 있는 시간을 정리하다 보니 그림이 가진 긍정의 에너지를 다시금 실감하게 된다.

나만을 위한 삶을 살다 아이의 존재와 맞닥뜨렸을 때의 혼란을 다독이고 이끌어주며 위로해준 것이 그림이었다. 놀이를 하거나 명화를 이야기해주며 아이와 나는 더욱 특별한 교감을 할 수 있었고, 나의 육아는 조금씩 기쁨이 되어갔다.

화가 엄마라고 해서 대단한 미술 활동을 했던 것은 아니다. 기본적으로 그림을 그리는 것이 업인 워킹맘이다 보니 일상에 부담이 될 만큼 어려운 미술 놀이를 하지는 않았다. 주로 아이와 간단히 할 수 있는 미술 활동들을 했다. 하지만 아이와 나는 명화가 가지는 치유의 힘과 미술 놀이가 주는 기쁨을 경험할 수 있었다.

이것이 미술로 함께한 린이와 나의 평범한 일상을 한 권의 책으로 엮어 세상에 내놓게 된 이유다. 세상의 더 많은 엄마와 아기 독자에게, 그림을 통해 우리가 희망하고 위로받고 성장할 수 있었던 시간들을 선물하고 싶다.

린이의 두 돌 무렵,
화가 엄마 김지희

차례

Chapter 3

예술은 즐거워! 손으로 자유롭게 표현해봐

| 12~24개월, 놀이 미술 |

Chapter 4

무슨 생각해? 엄마는 너의 마음이 궁금해

| 24~36개월, 교감 미술 |

Chapter 5

아이에게 들려주고 싶은 엄마의 깊은 속마음

Chapter 1

엄마도 엄마가 처음이라 두려워

| 아이와의 첫 교감, 태교 미술 |

우리 아이는 누굴 닮았을까?

화가 엄마의 작품 태교

한 달에 한 번 병원 검사에서 아이의 초음파 사진을 확인할 때면 생명의 잉태가 너무도 경이로운 느낌으로 다가왔다. 처음 아이의 존재를 알았던 날, 콩 한 알보다도 작은 존재에게서 심장 뛰는 소리가 들렸다. 꽃잎처럼 작고 여린 생명은 매달 무럭무럭 자라났다. '누굴 닮았을까?' '어떤 목소리를 가졌을까?' 태어나지 않은 아이의 모든 것이 궁금했다.

물론 배 속에 아이를 품고 있던 시간이 온전히 행복하고 설레는 기다림만으로 채워졌던 건 아니었다. 첫 출산에 대한 두려움도 있었고, 아직 엄마가 될 준비가 되지 않은 내가 육아를 잘할 수 있을지 겁이 나기도 했다. 워킹맘으로 일을 계속 이어갈 수는 있을지, 혹여 작품을 한동안 못 하게 되는 것은 아닐지 막막하기도 했지만 그 모든 복잡한 감정들을 이겨낼 수 있었던 것은 아이를 향한 사랑의 기다림 덕분이었다.

잘 보이지도 않는 초음파 사진을 멀리서 봤다 가까이서 봤다 하면서 아이를 상상했던 그맘때 나는 첫 입체 작품을 시도했다. 임신부에게 가장 중요한 것이 마음을 편안하게 먹고 긍정적으로 아이의 탄생을 기다리는 것이 아니겠는가. 그런 의미에서 아이를 위한 만들기는 임신 기간에 할 수 있는 참으로 의미 있는 일이다. 그러나 스케줄을 따라가듯 과한 태교는 오히려 엄마와 아이에게 스트레스가 될 수도 있다. 안정적으로 즐길 수 있는 범위에서의 활동은 임신부와 태아가 마음으로 교감하며 만남의 시간을 기다릴 수 있는 특별한 경험일 것이다.

끈적이는 흙을 뭉쳐 아빠, 엄마, 아이의 모습을 곰 가족으로 만들며 상상했다. 아이는 어떤 눈망울을 가지고 있을까, 앙증맞은 코는 누굴 닮았을까, 작은 발은 얼마나 귀여울까……. 그렇게 아이를 상상하며 작업을 하는 시간은 참으로 따사로웠다.

마침내 곰 세 마리가 귀엽고 다정하게 서로를 끌어안고 있는 작품이 완성되었다. 그저 순진무구하게 아이를 향한 사랑을 표현하고 싶었기에 작품도 마냥 순수하고 사랑스럽다.

물론 가족이라는 울타리가 작품 속의 곰 가족처럼 항상 핑크빛 사랑과 감동만으로 채워지지는 않을 것이다. 가족은 때로 무거운 책임이 되기도 하고, 가족이기 때문에 상처받기도 하

김지희, 〈인밸류어블 모먼트〉,
폴리에 아크릴, 15×21×18cm, 2014

고, 가족이라서 갈등이 생길 수도 있다. 그럼에도 한 덩어리의
흙에서 뻗어 나와 서로의 살을 포개고 있는 저 곰 가족처럼 부
모와 자녀는 하늘이 맺어준 인연으로 그 인연을 사랑하며 살아
간다. 아이는 그렇게 기적 같은 인연으로 아빠 엄마를 만나게
될 것이었다.

　작품 속 아빠 곰의 등이 참 넓어 보인다. 하지만 아이가 다
자랐을 어느 무렵엔 슈퍼맨보다 넓었던 아빠의 등이 많이 작아
져 있을 것이다. 아이를 품에 쏙 안고 있던 아빠 엄마가 아이보
다 작게 느껴지는 순간이 오면 아이에게도 하나의 가족이 만들
어지는 기적 같은 시간이 올 수 있다. 아빠 엄마의 어깨가 작아
졌을 무렵에도 이 작품처럼 옹알이를 하는 자그마한 아이를 포
근하게 감싸 안았던 아빠 엄마의 온기를 늘 기억해주길 바라는

마음이 작품에 담겼다.

에니션으로 제작된 작품 중 하나는 아이와 꼭 같이 완성하고 싶다. 서툴더라도 아이가 마음에 있는 형태를 그림으로 표현할 수 있는 때가 되면 이 형태 위에 자유롭게 드로잉을 해주었으면 한다. 엄마와 아이가 함께 완성한 작품은 그렇게 더욱 의미가 빛날 것이다. '인밸류어블 모먼트Invaluable Moment', 무엇으로도 대체할 수 없는 아름다운 순간이다.

시중에는 다양한 태교용 만들기 세트들이 판매되고 있다. 태교 컬러링북, 태교 배냇저고리 만들기 세트, 태교 뜨개질 세트 등 모두 아이를 기다리는 엄마의 소비욕과 이른 교육열을 자극하는 상품들이다. 나 역시 작품을 만드는 것 외에도 한두 가지 만들기 세트로 아이용품을 만들어보기도 했다. 그런데 만약 욕심이 지나쳐 엄마가 피로를 느낄 만큼 태교를 의무적으로 한다거나 본인의 취미와 관계없는 태교용 만들기 세트로 스트레스를 받는다면 과연 그것이 아이에게 좋은 태교일까.

꼭 태교 세트를 구입해야만 태교 미술 활동을 할 수 있는 것은 아니다. 엄마가 따뜻한 마음으로 아이를 기다리며 할 수 있는 즐거운 취미라면 아이가 안정적으로 건강하게 태어나도록 좋은 영향을 줄 것이다.

세상에서 가장 행복한 기다림

마음으로 그린 미술 태교

입체 작품 외에도 아이를 기다리며 그림을 많이 그렸다. 임신 6개월 차에 수입 차 오토갤러리에서 행사와 전시를 가졌다. 전시 제목은 '러키 스트라이크Lucky Strike'였다. 딸아이 린이의 태명이 러키였기 때문에 작업을 하면서도 아이와 함께 그림을 그리는 느낌을 받곤 했다. 유독 그 시기의 그림은 화사하고 희망적이다. '러키'라는 태명을 은유하는 '복福' 자가 자주 등장하게 된 것도 이때부터였다. 꽃을 그리며 피고 지는 생명의 순환에 깊은 관심이 생겼고, 파스텔톤의 색감에 아이를 향한 희망적인 기다림을 담곤 했다.

그림 그리기는 임신 중에 불안한 마음을 차분하게 안정시켜 주곤 했다. 태교 그리기는 접근이 어렵지 않다. 꼭 태교 미술 세트가 아니더라도 아이를 생각하며 떠오르는 이미지들을 도

김지희, 〈실드 스마일〉,
장지에 채색, 72×60cm, 2014

김지희, 〈버진 하트〉,
장지에 채색, 72×60cm, 2014

화지에 색연필, 크레파스, 파스텔 등으로 편안하게 표현하거나
학창 시절 다이어리를 꾸미듯 태교 일기를 써보는 것도 도움이
된다. 아이와 함께 해보고 싶은 미술 놀이를 먼저 해보며 배 속
의 아이와 교감하는 것도 특별한 태교가 된다. 종종 아이에게
선물할 엽서를 그리면서 "아가야, 엄마는 네가 태어나면 이렇
게 함께 엽서를 그려보고 싶어"라고 속삭이다 보면 배 속의 아
이도 즐거워할 것만 같았다.

　이 책에는 다양한 미술 육아 활동이 소개되어 있다. 아이를
위한 동화책을 그리거나 아이에게 필요한 간단한 출산용품을
만들어보는 것도 의미 있는 태교 미술 활동이다. 갓 태어난 아

이를 위한 초점 책과 흑백 모빌은 만들기도 어렵지 않고 엄마가 만든 아이용품이라는 점에서 특별하다. 아이를 향한 따뜻한 마음으로 만드는 과정이 중요하기에 결과물에 집착하지 않아도 된다. 내 아이를 위해 만든다는 생각으로 엄마의 마음을 담아 소품들을 만들다 보면 아이와도 긍정적으로 교감할 수 있게 된다.

아니면 아이 방의 가랜드에 엄마의 짧은 메시지를 적어보는 것은 어떨까. 엄마가 색칠한 가랜드에 짧은 사랑의 메시지를 적는다면 종종 엄마가 육아에 지칠 때 아이를 기다리던 순간을 생각나게 해주는 따스한 위로가 될 것이다.

엄마들마다 태교의 취향은 다르다. 내 경우 그림을 그리거나 배냇저고리와 턱받이를 만들거나 턱받이에 꽃수를 놓기도 했다. 그림은 내 작품 위주로 그렸지만 종종 아주 편안한 풍경이나 소소한 사물이 그려진 컬러링북을 칠하면 마음이 따뜻해지고 안정되었다.

명화 따라 그리기, 다이어리 꾸미기, 초점 책 만들기, 아이 방의 가랜드 만들기, 미술관 산책, 아이의 띠 동물 그리기 등 엄마의 취향에 맞는 태교 미술 활동을 찾아보면 출산의 두려움을 잊을 수 있는 아기자기한 태교의 시간이 될 것이다.

엄마의 성향과 엄마의 방식대로, 무엇보다 엄마의 마음을 편안하게 안정시켜주는 것이 최고의 태교 미술이다.

엄마라는 이름이 낯선 어느 날

〈스카겐 남쪽 해변의 여름 저녁〉

아이가 태어남과 동시에 나는 '엄마'라는 이름표를 달게 되었다. 하지만 사실 나는 완벽한 사람이 아니라서 가끔 나에게 달린 '엄마'라는 호칭의 무게에 화들짝 놀랄 때가 있다. 내가 자격이 있는 사람인지 생각하게 되고, 괜스레 부족한 내 모습에 미안해질 때도 있다.

아이를 가졌을 때 유독 많이 보았던 그림이 페더 세버린 크뢰이어Peder Severin Krøyer의 작품이다. 임신, 출산, 육아는 설렘의 시간이기도 하지만 그에 비례한 두려움과 부담감이 있었다. 그런 순간에 크뢰이어의 작품을 보면 가슴으로 시원한 바람이 지나가는 것 같았다.

페더 세버린 크뢰이어는 1880년대 덴마크에서 맹위를 떨친 유명한 풍경 화가였다.[2] 그는 덴마크 스카겐에서 예술가들과 모여 풍경을 즐겨 그렸다.

크뢰이어의 대표작인 〈스카겐 남쪽 해변의 여름 저녁*Summer Evening on Skagen's Southern Beach*〉은 어스름하게 해가 저물 무렵 해변을 걷는 두 여인의 뒷모습이 담긴 그림이다. 바닷가의 청명함과 자유로움이 생기 있게 묻어나면서 보는 이들의 마음도 시원하게 환기시킨다.

그래서일까, 처음 이 그림을 보았을 때 눈물이 핑 돌 만큼 마음이 편안해졌다. 어스름한 밤은 시간의 흐름을 말하는 것 같았다. 결국 우리는 모두 자연에서 태어나 어둠이 내려앉듯 자연스럽게 사라지는 존재라고. 그 시간의 끝으로 가는 길에 편안하게 마음을 위로해줄 한 명의 친구면 족하다고. 그렇게 우리는 자연으로 서서히 사라지고 있으니 흔들리지 말고 현재의 발걸음을 사랑하며 편안히 가라고 말하는 것 같았다.

그림 속의 두 사람은 소소한 이야기를 나누는 것처럼 뒷모습이 참 편안하고 다정해 보인다. 해변의 끝까지 가기 전에 어둠이 풍경을 삼켜버릴 기세인데도 그들은 서두르는 기색이 없다.

이 그림을 보며 나는 배 속에 있는 아이에게 속삭이곤 했다.

"아가야, 너를 진정 응원하는 소중한 사람과 함께 과거의 덫에 걸리지 말고 이 순간의 걸음을 살아가렴. 바닷바람과 파도소

페더 세버린 크뢰이어, 〈스카겐 남쪽 해변의 여름 저녁〉, 캔버스에 유채, 100×150cm, 1893

리를 즐기면서. 산책은 생각보다 짧을 수도 있단다."

그림을 통해 잔잔해지는 내 마음이 아이에게도 전해질 것 같았다. 이 작품은 쥘 마스네가 작곡한 〈타이스의 명상곡〉을 들으면서 보곤 했다. 〈타이스의 명상곡〉은 아련하면서도 부드러운 감성이 가슴에 와닿는 편안한 곡이다. 마치 지친 현실의 면면을 보듬어주듯이 유려하게 흐르며 속삭이는 선율은 어스름한 해변을 걷는 두 여인이 서로를 위로하는 대화처럼 느껴지기도 한다. 그렇게 따뜻한 대화의 느낌 때문인지 그림과 함께 들으면 더욱 안정되었다.

너를 만난 모든 날이 특별해

사랑을 담은 가랜드

아이를 기다리며 아이의 공간을 꾸미는 시간은 가장 설레는 순간 중 하나다. 아이의 잠자리와 소품들을 정리하며 곧 태어날 아이를 상상하곤 했다. 아이가 처음으로 접하는 세계, 그 보금자리가 아이에게 아늑하고 흥미롭고 따뜻한 공간이길 바라는 마음만큼 아이가 접할 환경에 관심이 갔다.

작고 아기자기한 그림이나 헌팅트로피로 벽을 장식하다가 사랑스러운 가랜드를 걸어야겠다고 생각했다. 시중에 판매되는 예쁜 가랜드들이 많았지만 좀 더 특별한 가랜드로 아이와 교감하고 싶어 직접 만들기로 했다.

가랜드는 간단히 만들 수 있으면서 아이 방에 포인트가 되는 소품이기 때문에 태교 미술 활동으로는 탁월하다.

일반적인 형태의 가랜드보다 이왕이면 엄마 그림의 특징들

을 담고 싶었다. 색지를 깃발 모양으로 자르고 내 작품의 특징인 안경과 입술 모양을 하나씩 만들었다. 안경 안에 물감으로 아이의 이름과 'LOVE'라는 글자를 써넣었다. 깃발은 파스텔톤을 섞어 아기자기한 느낌을 강조했고, 입술 옆에는 말풍선을 만들어 엄마가 전하고 싶은 메시지를 적었다. 언젠가 아이가 글을 읽을 나이가 되었을 때 엄마의 사랑을 가득 느낄 수 있는 메시지를 미리 아이 방에 걸어두고 싶었다.

사랑하는 린아,
지금 배 속에 있는 린이는 겨울이 되면 엄마를 만나게 될 거야.
린이를 기다리는 순간순간이 엄마에게는 너무나 큰 기쁨과
설렘으로 다가온단다.

늘 건강하고 행복하렴.

항싱 린이를 지켜주는 따뜻한 둥지가 될게.

사랑한다, 린아.

― 곧 태어날 린이를 기다리며,

엄마가

엄마의 말을 완벽히 이해하지는 못하겠지만 아이를 기다리던 순간을 떠올리며 가랜드에 쓰여 있는 메시지를 읽어주다 보면 태어난 지 얼마 되지 않은 아이와도 교감할 수 있을 것이다. 아이의 공간에 엄마의 사랑의 메시지가 따뜻한 숨결처럼 존재하길 바라는 마음으로 완성된 가랜드를 걸었다.

서툴지만 그렇게 엄마가 된다

〈달빛 아래 리버풀 항구〉

달이 뜨기 시작할 무렵 퇴근하는 도시 사람들은 무척 피곤해 보인다. 발걸음은 무겁지만 곧 집으로 돌아가 쉴 수 있다는 기대감에 긴장을 푼 모습이 종종 편안해 보이기도 한다.

존 앳킨슨 그림쇼John Atkinson Grimshaw의 작품 〈달빛 아래 리버풀 항구Liverpool Quay by Moonlight〉에는 어수룩한 시간 항구의 풍경이 아름답게 표현되어 있다. 태교를 위해 명화를 뒤적일 때 유독 마음에 닿았던 작품이기도 하다.

작품 속에는 해가 저물고 항구에는 하루를 마친 배들이 하나둘 정박한다. 가게들은 오렌지색 불을 켰고 창문으로 흘러나온 따스한 불빛은 젖은 블록에 고여 있다. 화면 앞은 비교적 한산해서 눈이 편안해지는데, 사람들의 모습도 검은 실루엣으로 표현되어 마치 일터에서 집으로 돌아가는 뒷모습처럼 느껴진다.

존 앳킨슨 그림쇼, 〈달빛 아래 리버풀 항구〉, 판넬에 오일, 61 × 91.4cm, 1887

사람들은 고단한 일상을 마무리하고 집에서 내일을 위한 휴식을 취할 것이다. 그래서 하루를 정리하는 밤에 이 그림을 보면 그렇게 편안하고 아늑해진다.

쉬는 것은 일하는 것만큼 중요하다. 엄마들은 임신 중에도 육아 중에도 늘 불안하고 피곤하다. 아이가 좋고 기다려지면서도 출산 자체에 대한 두려움을 비롯해 혹시 출산과 육아로 인해 커리어가 끊기고 도태되지 않을까 하는 불안감이 마음 한편에 존재할 수밖에 없다. 그렇게 내려놓고 쉬지 못하며 미련하게 애쓸 때 〈달빛 아래 리버풀 항구〉가 잔잔한 위로가 되어주었다. 맘 편히 쉬어도 된다고 말해주면서.

밤이 되면 배가 부두에 정박하듯, 항구의 사람들이 집으로 돌아가듯, 쉬어야 할 때 쉬는 것도 일종의 용기다.

사실 많은 워킹맘들에게 쉰다는 것은 곧 두려움이기도 하다. 나 역시 밤잠을 줄이고 돌진해나갔지만 사실 '노력'이란 단어 뒤에는 늘 두려움이 숨어 있었다. 꾸준히 노력하는 게 나쁜 것은 아니지만 그래도 필요할 때는 충분히 쉬고 충전하며 중심을 잡아야 한다. 그리고 그 순간만큼은 마음을 당당하게 편안히 내려놓아야 한다. 그래야 엄마도 아이도 더 행복한 만남을 맞을 수 있다.

결국 모든 것은 지나간다. 리버풀 항구를 서성이던 화가의 모델들은 그림 안에서는 진행형이지만 결국 과거에 박제된 사람들이다. 이제는 모두 떠나가고 흘러간 것이다. 그래서 우리는 시간의 주체가 되어야 한다. 쉬어야 할 때, 시간의 주인으로서 두려움 없이 당당하게 내려놓는 것.

달빛이 내려앉으면 이제 따뜻한 집으로 돌아갈 때가 된 것이다. 태교할 때 이 그림을 보며 아이에게 속삭이곤 했다.

"아무 걱정 하지 마. 내 아기. 마음 편안히, 또 편안히."

Chapter 2

세상과의 첫 만남,
좋은 것만 보여주고 싶어

| 0세~12개월, 색채 미술 |

이왕이면 명화로 초점을 맞춰볼까?

〈게르니카〉, 〈30〉

목도 가누지 못하는 아기가 까만 눈동자를 깜빡이며 가까운 세계를 눈에 담기 시작한다. 생후 3개월까지 아기는 색을 보지 못한다. 그래서 갓 태어난 아기에게 세상은 초점이 맞지 않은 흐릿한 흑백 영상일 뿐이다. 아기는 눈앞에 있는 사물을 희미하게 봄으로써 세상과 인사한다. 아기에게 온 세상이 희미한 흑백으로 보인다는 것이 신기해서 흑백으로 보일 방 안의 이미지를 상상해보기도 했다.

산후조리원에서 아기를 데려와 초점 책과 모빌로 나름대로 꾸며둔 침대에 눕혔다. 아기는 서서히 초점을 맞추는 연습을 하는 것처럼 침대 옆에 펼쳐놓은 초점 책을 한참 동안 응시하기도 했다. 대상에 또렷하게 꽂힌 아기의 눈빛을 보면서 '이제 무언가 보이기 시작하는구나'라고 느꼈다.

파블로 피카소, 〈게르니카〉, 캔버스에 유채, 349.3×776.6cm, 1937

　그 무렵 생애 처음으로 세상을 보는 아이를 위해 엄마는 어떤 작은 정성을 보여줄 수 있을까를 고민했다. 매일 아이 옆에 펼쳐져 있는 초점 책의 단순한 기형이 조금 지루하기도 했던 차였다. 아! 하고 머리를 지나간 그림이 바로 파블로 피카소Pablo Picasso의 〈게르니카Guernica〉였다.

　물론 〈게르니카〉는 정서 발달에 긍정적이라고만 하기에는 그림자가 깊다. 스페인 내전 기간이었던 1937년, 스페인 북부의 작은 도시 게르니카는 나치에 의해 폭격을 당하고 끔찍한 참상이 펼쳐지게 된다. 건물은 화염에 휩싸이고 거리에는 시체가 즐비했으며 학살당한 민간인만 1500여 명에 달했다. 그즈음 파리 만국박람회에 전시할 작품을 의뢰받은 피카소는 게르니카 학살 소식을 듣고 곧바로 작업에 착수하며 화가의 분노를 예술로 승화시키게 된다.

그렇게 완성된 〈게르니카〉는 그날의 참담한 풍경이 재현되듯 무채색으로 표현되어 있다. 아기를 안고 절규하는 여인, 통곡하는 사람, 죽어가는 말, 부러진 칼을 들고 짓밟힌 전사의 모습이 참혹하지만 피카소의 입체주의적인 표현 양식은 이러한 잔인함을 완화시키며 기하학적인 조형미를 전한다.

면이 구획되어진 기하학적 표현과 흑백의 색채가 인상적인 〈게르니카〉는 아직 색을 구분하지 못하는 아이에게 더할 나위 없는 작품이라는 생각에 작품을 프린트해서 아이 침대 옆에 붙여주었다.

소재가 어둡기는 해도 사실 〈게르니카〉는 참으로 희망적인 작품이다. 예술가가 사회 문제를 등한시하지 않고 자신만의 표현 도구를 통해 용기 있게 세상에 목소리를 낸 작품이 〈게르니카〉다. 현실의 부조리를 자신의 재능으로 당당하게 표현할 수 있는 용기. 그 용기에서부터 세상은 다시 옳은 길로 발걸음을 옮길 수 있는 것이 아니던가.

피카소는 92세의 나이로 타계할 때까지 5만여 점의 작품을 남겼지만 가장 대표적인 작품이 〈게르니카〉로 꼽히는 것은 작품의 테크닉 때문만은 아닐 것이다. 나는 흑백의 이미지가 얽힌 그림을 빤히 보고 있는 아이에게 정도를 향한 용기를 가진 사람으로 자라달라고 속삭였다. 우리 모두에게는 다음 세대에게 더 나은 세상을 선물해야 하는 책임이 있기에 내 아이가 〈게르니카〉를 그린 피카소처럼 용감한 목소리를 낼 수 있는 어른이 되기를 바라면서 말이다.

세상을 흑백으로 인지하는 아이에게 보여주고 싶은 또 다른 명화는 추상미술의 아버지로 불리는 바실리 칸딘스키[Wassily Kandinsky]의 작품 〈30〉이었다. 나는 모네의 작품을 보고 화가가 되고 싶다는 강한 열망을 느꼈다. 그래서인지 나와 마찬가지로 모네의 그림을 보고 화가가 되기로 결심했다는 칸딘스키의 일화가 묘한 공감을 일으켰다. 그의 작품에서 느껴지는 자유로운 필치가 시대를 초월해 감각을 자극해왔다.

특히 또렷한 흑백으로 이루어진 〈30〉은 초점을 맞추는 연습을 하는 아기에게는 더할 나위 없는 작품이었다. 음악을 연상시킬 만큼 역동적인 선과 단단한 화면 구성은 어떤 초점 책의 이미지보다 창의적이었다. 〈30〉은 30개의 정사각형 면이 모여 있는 구성이기 때문에 면을 확대해 보여주는 동시에 전체 작품도 보여줄 수 있는 점이 좋았다.

우선 작품 전체를 프린트한 이미지를 침대에 붙여 보여주었다. 그리고 작품에 구획된 대로 가로로 5등분한 이미지를 초점

바실리 칸딘스키, 〈30〉, 캔버스에 유채, 81×100cm, 1937

책처럼 접어 다섯 권을 만든 다음 하루에 한 권씩 돌아가며 침대에 세워두기도 했다.

아이는 동그란 눈을 깜빡이며 초점 책을 자주 응시했다. 아이의 눈빛이 칸딘스키 작품에 멈출 때마다 아이에게 "칸딘스키의 그림이야" 하며 작가를 일러주기도 했다. 아이가 엄마의 말을 알아들을 수 있는 나이는 아니었지만 아이의 시선만은 엄마에게 고맙다고 말하는 것처럼 사랑스러웠다.

뭐든 조금이라도 더 나은 것을 보여주고 싶은 엄마의 마음이 태어난 지 얼마 되지 않은 아이에게 전해질까. 잠든 아기의 얼굴을 보면서 작품 면면에 담긴 칸딘스키의 선들처럼 자유롭고 창의적인 사람으로 자라주길 바랐다.

창의력을 키워주는 흑백의 조화

엄마표 초점 책

출산 선물로 받은 책들 중에 초점 책이 두 권 있었다. 눈의 초점을 잘 맞추지 못하는 신생아가 초점을 맞추는 연습을 할 수 있게 흑백으로 나온 책이다. 시중에는 많은 초점 책이 나와 있고 흑백 모빌과 더불어 초점 책은 필수 육아 품목 중 하나다. 하지만 선물받지 않았더라도 초점 책을 사지는 않았을 것이라는 생각이 든다. 직접 만들기 어렵지 않기 때문이다.

초점 책은 흑백의 화면에 동그라미, 줄무늬 등이 그려진 단순한 이미지로 이루어져 있다. 무언가 일정한 패턴이 지루한 느낌이 들어 엄마표 초점 책을 한 권 만들어주기로 마음먹었다. 꼭 줄무늬는 같은 간격으로 있어야 할까? 꼭 도트 무늬는 같은 크기의 동그라미가 같은 간격으로 펼쳐져야 하는가? 너무 자로 그린 듯한 이미지의 반복이 창의적이지 않다는 생각이

김지희, 〈실드 스마일〉, 장지에 채색, 53×45cm, 2015

들었던 것이다. 흑백의 대비로 만들 수 있는 패턴은 무궁무진
하다. 다양한 흑백 구성을 통해 자유로우면서도 균형 있는 화
면을 충분히 보여줄 수 있다.

세워둘 수 있는 딱딱한 판에 배경이 될 흰 종이와 까만 종이를 직사각형, 정사각형으로 잘라 붙였다. 그리고 까맣고 하얀 화면에 도형을 잘라 붙이기 시작했다. 어떤 것은 작게, 어떤 것은 크게, 자유롭게 구성했다. 패턴으로 만들거나 면을 분할하기도 하고 사선들 사이에 도형이 균형 있게 배치되게 했다.

엄마표 초점 책의 연장으로 엄마표 초점 그림을 그렸다. 그 즈음 작업한 작품의 배경에는 아이가 볼 수 있는 다양한 흑백 패턴이 들어갔다. 종이를 찢은 듯한 형태에 각기 다른 흑백 패턴이 들어간 작품이다. 가로 45센티미터 정도의 작품을 누워 있는 아이 옆에 세워두니 아기는 엄마의 그림을 호기심 어린 눈빛으로 바라본다.

엄마와 아기의 교감은 그렇게 엄마 손으로 그린 그림을 매개로 이루어졌다. 무엇이든 손수 해주고 싶은 마음이 그림 속에 담긴 걸 아기는 알고 있을까.

먹의 농담으로 표현한 색채의 깊이

〈호취도〉

〈게르니카〉를 시작으로 여러 흑백 그림들을 찾아보았다. 흑백의
잔상에 초점이 맞추어질 무렵 명화를 보는 것이 아이에게 의미
있으리라는 생각이 들었다. 그러고 보니 전통 수묵화들이 하나
씩 떠오르기 시작했다. 선명하게 보이지는 않겠지만 수묵화의
번짐이 만들어내는 흑백 화면이 아이의 눈에 더욱 아름다운 회
화로 보일 것이란 생각이 들었다.

전통 수묵화 가운데 장승업의 〈호취도豪鷲圖〉는 개인적으로
참 좋아하는 작품이다. 특히 아이에게 보여주고 싶었던 이유는
그림에서 묻어나오는 강한 자신감 때문이었다.

조선 후기의 화가 장승업은 일찍 부모님을 여의고 머슴으로
온갖 궂은일을 해가며 힘든 어린 시절을 보내면서도 어깨너머
로 본 그림을 묘사할 수 있을 만큼 천부적인 재능을 타고났다.

장승업, 〈호취도〉, 종이에 수묵담채,
135.4×55.4cm, 19세기 후반

그 빼어난 재주가 가장 잘 드러나는 작품이 〈호취도〉다. 매 두
마리가 서로를 바라보는 모습은 생동감이 넘치고 나뭇가지 하
나하나는 한 번의 획으로 표현했다는 것이 믿기지 않을 만큼
기교적이다. 수정이 불가능한 화선지에 시원하게 뽑아 올린 필

선에는 재능에 대한 확신에 가까운 자신감이 묻어난다. 대범함과 호탕함이 그림에 담겨 있어서 아이에게 그 자신감 넘치는 기운을 전해주고 싶었다.

〈호취도〉를 프린트해 아이의 침대 옆에 붙여주었다. 자신이 좋아하는 일에 불안함과 소심함 없이 당당하게 기교를 펼치는 모습, 그 호방한 자신감에 그림을 바라보는 이들도 취하게 된다.

흑백의 〈호취도〉는 아기의 눈에 어떤 모습으로 비추어질까. 화선지에 뻗어나간 시원한 붓의 흔적처럼 아이가 자신을 당당히 표현하고 사랑하며 사람들의 마음을 움직일 수 있는 어른으로 성장하기를 바랐다.

움직이는 예술, 알렉산더 칼더처럼

흑백 모빌

신생아를 위한 육아용품 중에 빠지지 않는 것이 흑백 모빌이다. 100일 이전에는 흑백 모빌, 100일 이후에는 컬러 모빌을 준비해야 한다는 것이 엄마들 사이에서 공식처럼 인식되고 있고 천으로 만든 흑백 모빌과 특정 브랜드의 움직이는 컬러 모빌은 중고 육아용품 사이트에서 가장 활발하게 거래되는 품목이기도 하다. 다양한 음악이 흘러나오며 자동으로 돌아가는 커다란 모빌은 '아, 육아용품이 이렇게까지 발전했구나' 싶을 만큼 신선하게 다가왔었다.

보통 아이가 색을 인지하지 못할 때 침대 위에 걸어두는 흑백 모빌의 생김새는 단순하다. 동물 모양 혹은 기본 도형 모양이나 달 모양의 천에 흑백 도트 무늬나 줄무늬가 들어가는 형태다. 흑백 모빌 만들기는 심심한 산후조리원의 필수 프로그램이기도 하고 엄마들의 인기 태교 활동이기도 하다.

나 역시 출산 준비를 할 때 흑백 모빌을 구입하기도 했고 산후조리원의 모빌 만들기 수업에 참여하기도 했다. 산후조리원에서 만드는 모빌은 사실 거의 완성된 일반적인 형태의 모빌에 무늬를 붙이고 줄을 연결하는 정도라서 엄마가 만들었다는 표현이 민망할 만큼 모든 사람의 결과물이 똑같았다.

사실상 '엄마가 만들었다'는 특별함이 전혀 없는 모빌을 왜 굳이 만들어야 할까. 이왕 만들 거라면 정말 엄마의 마음이 담긴 엄마만의 흑백 모빌이 더 의미 있지 않을까 하는 생각에 좀 다른 형태의 모빌을 구상하게 되었다.

그때 머릿속을 지나간 작가가 키네틱 아트[3]의 창시자 알렉산더 칼더Alexander Calder였다.

해마다 참여하는 아트페어에 칼더의 작품이 종종 나오기도 한다. 마치 소음처럼 자신을 보아달라고 아우성치는 듯한 화려한 미술품들 사이에서 칼더의 작품은 유독 모던한 형태로 시선을 사로잡곤 했다.

움직이는 몬드리안의 작품을 만들고 싶었다는 칼더의 말처럼 움직임을 조형 요소로 끌어들인 기하학적 형태의 칼더 작품은 당시 미술사조를 뒤흔든 키네틱 아트의 선구자였다.

기하학적이며 아름다운 칼더의 흑백 모빌이 눈에 아른거리

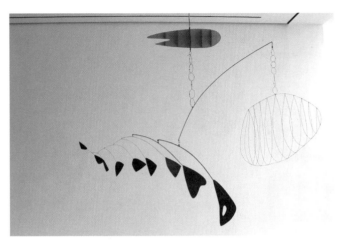

알렉산더 칼더, 〈바닷가재 잡이 통발과 물고기 꼬리〉, 스틸, 260×290cm, 1939

고 칼더의 작품 같은 모빌을 만들어주고 싶다는 생각이 불현듯 떠올라 몇 가지 재료와 형태를 머리로 빠르게 구상했다.

박스와 시트지, 전기테이프 등의 간단한 재료로 알렉산더 칼더의 모빌에서 영감을 받은 엄마표 모빌이 완성되었다. 침대 머리맡에 모빌을 걸어주며 작은 공기의 변화에도 몸을 움직이는 모빌을 통해 엄마의 특별한 정성이 아이의 눈으로 전해지기를 바랐다.

생후 100일 이전, 잠을 많이 자는 아이가 눈을 뜨면서 가장 먼저 보게 되는 것이 엄마의 정성스러운 손길로 만든 모빌이었다. 하루는 한 번도 웃지 않던 아이가 깔깔거리며 웃음을 터뜨

린 적이 있었다. 웃음소리에 놀란 남편과 나는 방으로 뛰어들어 갔는데, 아이의 시선이 꽂힌 곳은 모빌이었다. 모빌의 작은 흔들림이 아이의 웃음보를 간질였던가 보다. 어른들에게는 단순한 육아용품이 아이에게는 웃음을 주는 유일한 세계일 수도 있다. 모빌을 보며 터져 나오던 웃음과 교감이 엄마의 기억에도 오래도록 잊히지 않을 것 같다.

원색이 보이기 시작하는 100일

고흐의 노랑

아이를 낳고 나서 거실 벽에 걸린 그림을 자주 교체하게 되었다. 그림이 바뀌는 것을 아이가 알고 반응을 보이기 시작해서다. 생후 3개월 무렵이면 아이의 시력은 성인 수준으로 발달하게 된다. 그맘때부터 걸려 있던 그림을 떼고 빨강, 노랑, 파랑이 들어간 원색 계열의 그림을 걸었다. 선명한 노랑 배경이 눈에 들어오는지 손으로 치기도 하고 유심히 바라보는 시간이 길어졌다.

프린트 이미지보다는 직접 안료로 칠한 그림이 훨씬 색이 선명하다. 제아무리 좋은 기술로 판화를 찍는다고 해도 원화가 뿜어내는 색감의 밀도는 따라가기 어렵다. 때문에 단순한 도형이라도 엄마가 색칠한 그림을 걸어둔다면 자라나는 아이는 더욱 깊이 있고 환한 색채를 경험할 수 있을 것이다. 다른 색들보

김지희, 〈실드 스마일〉,
장지에 채색, 100×100cm, 2012

김지희, 〈실드 스마일〉,
장지에 채색, 90×72cm, 2013

다 유독 눈부신 노랑을 바라보는 아이의 반응이 좋아 직접 그
린 몇 가지 작품들을 보여주었다.

　한동안은 좋았지만 대체로 비슷한 엄마 그림의 화풍이 마음
에 걸렸다. 엄마의 그림 외에 보여줄 만한 원색 계열의 작품이
없을까 고민하다 머릿속을 스쳐간 화가가 빈센트 반 고흐^{Vincent}
^{van Gogh}였다.

　고흐의 노란색은 늘 특별하다고 생각했다. 유독 고흐의 노랑
은 화면 속에서 불을 켠 것처럼 밝게 느껴졌다. '그래, 고흐의
노랑을 보여주자'라고 마음을 먹었을 때 생각난 그림이 〈아를
포룸 광장의 카페테라스<i>Café Terrace, Place du Forum, Arles</i>〉였다.

빈센트 반 고흐, 〈아를 포룸 광장의 카페테라스〉, 캔버스에 유채, 81×65.5cm, 1888

여름밤처럼 싱그럽고 청명한 그림. 별빛은 까만 양탄자에 수
놓은 듯 총명하게 빛나고 계절은 싱그러워서 노천 테이블에 앉
으면 시원한 바람이 뺨을 기분 좋게 간질이며 지나갈 것 같은

작품이다. 한적한 거리에 드리워진 노란 불빛이 참으로 따스해서 저절로 발길을 끌어당기는 작품을 보고 있으면 육아의 피로가 서서히 가라앉았다.

색도 색이지만 작품에서 풍기는 싱그러운 여유를 전해주고 싶어서 "스태리 스태리 나이트Starry starry night"라는 가사가 흘러나오는 돈 맥클린의 〈빈센트〉를 들려주며 그림을 보여주었다. 팝송 〈빈센트〉는 돈 맥클린이 빈센트 반 고흐에게 헌정한 곡으로 고흐 작품 특유의 감성이 아름답게 배어 있다.

언뜻언뜻 보이는 붓 터치에 실린 선명한 노랑을 빤히 바라보는 아이에게 고흐의 카페는 어떠한 신비로움으로 다가올까. 언젠가 아이가 고흐의 빛나는 색채뿐 아니라 그림에 실린 감성에도 반응할 날이 기다려진다.

◆ 고흐의 노랑을 만날 수 있는 다른 작품들

빈센트 반 고흐, 〈해바라기〉,
캔버스에 유채, 91×72cm, 1888

빈센트 반 고흐, 〈붓꽃〉,
캔버스에 유채, 92×73.5cm, 1890

빈센트 반 고흐, 〈까마귀가 있는 밀밭〉, 캔버스에 유채, 50.5×103cm, 1890

뜨거운 열정 하나 가슴에 품기를

고갱의 빨강

아기는 화려한 색, 특히 빨간색을 가장 좋아한다. 강하게 대조되는 색은 아이를 집중시키기 때문에 색이 대조되는 그림을 보여주는 것이 아이를 더 재미있게 하는 방법이다.[4]

아이가 원색 계열에 반응할 무렵, 노랑은 고흐의 노랑을 보여주고 싶었다면 빨강은 폴 고갱Paul Gauguin의 빨강을 보여주고 싶었다. 고갱의 빨강은 유독 강렬하고 솔직하다는 느낌을 주었다. 고갱의 삶도 그러했다.

《달과 6펜스》는 작가 서머싯 몸의 대표적인 소설이다. 주인공 찰스 스트릭랜드는 어느 날 좋은 직장과 부유한 삶 그리고 가족까지 버리고 빈곤한 예술가로 여생을 살아간다. 다소 무책임해 보이는 주인공은 후기인상주의 화가 고갱을 모티브로 했다.

폴 고갱, 〈설교 후의 환영〉, 캔버스에 유채, 72.2×91cm, 1888

　고갱의 어린 시절은 가난했지만 증권 거래점에 취직하면서
부터 삶의 안정을 찾아가게 된다. 그는 아내와 다섯 아이를 부
양하며 안정된 직업과 경제적 풍요를 누리는 평범한 삶을 살았
다. 그러던 어느 날 고갱은 일을 그만두고 화가가 되기로 결심
한다. 그의 나이 서른다섯이었다. 지금도 서른다섯은 완전히
새로운 일을 시작하기에는 상당히 늦은 나이다. 그 시대에, 그
나이에 힘든 예술가의 길을 걷겠다고 하면 가족들이 좋아했을
리도 없고 가장으로서의 역할도 제대로 못 할 수밖에 없었다.
결국 고갱은 가족들과 이별하고 곳곳을 떠돌아다니며 예술가의 삶을 살게 된다.

생활은 곤궁했지만 그림은 고갱에게 그 이상의 정신적 풍요를 주었다. 보통 사람들은 안정적인 삶을 살아가려고 그토록 노력하는데, 고갱은 오히려 불안정한 삶을 일부러 찾아갔다.

고갱의 작품은 여행에서 얻은 영감들로 풍성했다. 원시적이고 이국적인 색감이 고갱 그림의 큰 특징이기도 하다. 특히 고갱은 말년으로 갈수록 문명을 떠나 원시적인 곳으로 회귀하기를 희망했다. 아마 원시의 순수함에서 삶과 그림의 영감을 얻고 싶었는지도 모른다. 그렇게 원시적인 장소를 찾던 고갱은 타히티 섬에 정착하게 된다.

고갱은 실제 원주민처럼 생활하며 타히티 원주민들의 삶을 소재로 여러 작품을 남겼다. 하지만 그런 삶을 사는 것이 쉽지는 않았다. 점점 섬에서 외롭고 힘든 시간을 보내야 했던 고갱은 프랑스로 돌아와 개인전을 열었지만 좋은 결과를 얻지 못했다. 크게 낙담한 고갱은 다시 타히티로 돌아가게 되고 그때 남긴 작품이 바로 〈우리는 어디에서 와서 어디로 가는가*Doù Venons Nous? Que Sommes Nous? Où Allons Nous?*〉였다.

〈우리는 어디에서 와서 어디로 가는가〉에서 고갱은 오른쪽에는 아기, 중앙에는 열매를 따는 젊은 여자, 왼쪽에는 죽음을 앞둔 노인을 표현했다. 원시적인 느낌 때문인지 근원적인 삶의

폴 고갱, 〈우리는 어디에서 와서 어디로 가는가〉, 캔버스에 유채, 139×374.7cm, 1897

풍경이 더 정직하게 보이는 듯하다.

고갱은 이데아를 찾아 타히티로 갔지만 사실 타히티는 고갱의 이데아가 아니었을 수도 있다. 그래서 우울함과 외로움이 덮쳤을 때 오히려 숨을 고르고 근원적인 삶을 고민하며 질문을 던질 수 있었는지도 모른다.

고갱이 삶을 정리하듯 자신의 철학을 녹여낸 〈우리는 어디에서 와서 어디로 가는가〉는 그의 유작으로도 볼 수 있다. 이 작품은 고갱의 삶에서도 미술사에서도 중요한 작품으로 평가되고 있다. 당시는 보이는 것을 그대로 그리던 시대라서 그림에 철학을 담아내는 것은 굉장히 새로운 시도였다. 고갱은 그림을 늦게 시작했고 또 많은 작품을 남기지는 않았지만 이 작품은 미술사의 기념비적인 작품으로서 여전히 많은 사랑을 받고 있다.

　아이가 이해하지 못하더라도 그림과 화가에 대한 이야기를 조곤조곤 들려주었다. 고갱처럼 당장 타인의 인정을 받지 못하더라도 중요한 것은 나임을 잊지 말았으면 좋겠다고. 나중에 스스로 인정할 수 있을 만큼 진정성을 쏟았다면 그걸로 충분하다고.

　먼 훗날 아이가 남들보다 조금 느리다는 생각에 주눅 들 때, 타인의 인정을 받지 못해 속상할 때 고갱의 작품을 보며 여유를 가졌으면 한다. 글을 읽고 소화시킬 만한 때가 되면 《달과 6펜스》를 읽고 고갱의 그림을 보며 함께 두런두런 이야기를 나누고 싶다. 그리고 그맘때가 되면 삶을 더욱 크게 바라보길 바라는 마음으로 아이에게 질문을 던져보고 싶다.

　나는 어디서 왔는가?
　나는 누구인가?
　나는 어디로 갈 것인가?

마음이 복잡한 날엔 그림

몬드리안의 삼원색

선명한 원색 계열의 그림으로 빼놓을 수 없는 명화가 피터르 코르넬리스 몬드리안Pieter Cornelis Mondriaan의 〈빨강, 파랑, 노랑의 구성Composition with Yellow, Blue and Red〉이다. 고흐나 고갱의 그림에서 감성과 열정이 느껴진다면, 몬드리안의 깔끔한 그림은 복잡한 마음을 차분히 가라앉혀 준다. 색과 색이 서로를 더욱 눈에 띄게 만들어주는 몬드리안의 작품은 아이가 조금 더 컸을 때 색의 삼원색에 대해 설명해주기에도 좋다.

검정 테두리와 흰 면에 선명한 빨강, 파랑, 노랑은 색을 보기 시작한 아이에게는 더할 나위 없이 괜찮은 작품이다. 회화적인 화면도 좋지만 때때로 이렇게 정돈된 화면을 보는 것도 마음을 균형 있게 정리해주는 것 같다. 깔끔하게 구획된 면과 감각적인 분할은 아이에게도 긍정적인 영향을 줄 것이라는 믿음이 있

피터르 코르넬리스 몬드리안,
〈빨강, 파랑, 노랑의 구성〉,
캔버스에 유채, 46×46cm, 1930

피터르 코르넬리스 몬드리안,
〈타블로I〉, 캔버스에 유채,
103×100cm, 1921

었다.

정말로 아기는 몬드리안의 선명한 색에 반응했다. 나는 색을

보여주는 통로가 몬드리안이라서 좋았다. 아기의 손이 닿는 곳

이 노랑인 것을 보면 아기는 환한 노랑이 먼저 눈에 들어오는 모양이었다.

어린 시절 형성된 입맛은 평생의 식습관을 좌우한다. 보드라운 이불이 없으면 잠을 못 자는 아기를 볼 때면 어릴 적부터 익숙해진 대상에서 오는 안정감에 대해 생각하게 된다. 사물이 그러하다면 시각적인 것도 마찬가지일 것이다. 익숙해진 시각적 대상을 통한 안정감, 그 안정감이 엄마가 보여주던 그림에서 비롯되었으면 좋겠다고 생각했다.

마음의 군더더기가 일상을 지치게 하는 날, 익숙해진 몬드리안의 그림이 자연스레 마음을 안정시켜주기를 바라본다.

같은 단어 다른 그림

명화 단어장

아이가 엄마, 아빠와 같은 간단한 단어를 말하기 시작할 때였다. 동화책을 넘겨보다가 아는 이미지가 나오면 "음매", "토끼", "사슴", "아기" 등 두세 음절의 단어를 말하기 시작했다. 하지만 영 눈에 밟히는 것이 있었으니 바로 동화책 일러스트였다.

여느 엄마들처럼 유아용 동화책, 사운드북, 팝업북 등이 세트로 구성된 교재를 구매했는데, 완성도가 무척 떨어지는 일러스트들이 눈에 띄었다. 문화센터에서 구입했던 교재도 그렇고 아무리 특징만을 표현했다지만 나조차 어떤 동물이라고 가르치기 민망한 수준이었다.

물론 모든 동화 일러스트가 그런 것은 아니다. 일러스트 작가 고유의 특징을 잘 살린 동화책들도 서점에 있지만 일부 동화 일러스트에서는 성의 없음이 느껴지는 것도 사실이다.

'이런 황소 대신 이중섭의 황소를 보고 단어를 배우면 어떨까. 데미안 허스트의 나비를 보고 나비를 배운다면, 클림트의 나무를 보고 나무를 배운다면, 고흐의 신발을 보고 신발을 배운다면 좋을 텐데……'

문득 든 생각에 아이를 위한 명화 단어장을 만들기 시작했다. 방법은 어렵지 않았다. 인터넷에서 가르쳐야 할 기본 단어들이 그려진 명화 이미지를 찾아 밑에 단어를 입력한 다음 프린트해서 단어장처럼 잘라 보여주는 것이다.

나 역시 대학 시절 일러스트 아르바이트를 해보았지만 의뢰받은 일을 하는 경우와 자기 작품을 하는 경우 자세가 다를 수

밖에 없다. 의뢰받은 일은 익명성 뒤에 숨어 할당된 작업량을 '갑'의 입맛에 맞게 성실히 그려주면 되는 것이지만 작품은 곧 작가의 생명이요, 자기 자신이다. 작가가 어떤 마음으로 캔버스 앞에 앉는지 그 마음에 대한 믿음이 있기에 명화가 주는 에너지를 신뢰한다.

수세기 동안 작품이 사랑받는 데는 이유가 있다. 명화를 보고 "나도 그릴 수 있겠다" 싶은 작품이 있더라도 실은 그릴 수 없는 경우가 대부분이다. 그 시대에 그러한 철학을 담아 그러한 작업 과정을 거쳐 그러한 그림을 그리는 일. 때론 정해진 틀을 벗어나는 저항을 겪으며 새로운 작품을 위해 노력했고, 가난과 비평 그리고 무명을 견디며 결실을 맺었던 예술가의 예술혼은 흉내 낼 수는 있어도 진짜가 될 수는 없다.

아이가 이중섭의 황소를 보고 "음매"라고 하고 클림트의 꿈 같은 나무를 보고 "나무"라고 말하는 모습을 보니 조금 번거롭더라도 단어장을 만들어준 보람이 있었다.

'이중섭은 어쩌면 이렇게 절묘한 터치로 소의 특징을 잡아냈을까. 어쩌면 고흐의 신발은 이렇게 마음을 치고 가는 울림이 있을까……'

아이에게 단어를 알려주는 동안 명화들은 내 마음까지 움직이곤 했다.

또한 주옥같은 이미지들이 모두 다른 기법으로 그려졌다는 것이 명화 단어장의 큰 장점이었다. 한 사람이 여러 기법으로 일러스트를 하는 것은 쉽지 않다. 여러 기법을 쓴다고 해도 완전히 자기 것으로 소화되지 않은 화풍들이 어설픈 이미지와 부족한 완성도로 표현되는 경우가 많다. 하지만 명화는 한 예술가의 삶을 통해 완벽하고 독창적으로 자신의 것이 된 화풍을 담아낸다.

모두 다른 작가로 이루어진 단어장은 그 다양한 대가들의 표현 기법을 눈에 자연스럽게 익힐 수 있는 명품 교재다.

그림책보다 재미있는 인형극

알록달록 지점토

아이가 색에 반응하기 시작하면서 더욱 다채로운 미술 놀이가 가능해졌다. 아이에게 동화책을 종종 읽어주면 알록달록한 동화책의 색감에 흥미롭게 반응을 보이는 듯했다. 밝은 색을 보며 웃음을 보이는 아이에게 더욱 다양한 자극이 될 만한 놀이를 선물해주고 싶어 지점토 몇 개를 샀다.

어느 문구점에서든 쉽게 구할 수 있는 지점토는 여러 모로 다양한 놀잇거리를 제공한다. 아이가 무언가를 만들 수 있기 전에는 손에 닿는 느낌만으로 감각을 자극시켜주다가 더 자랐을 때는 엄마와 함께 형태를 만들어볼 수 있다. 지점토는 아이가 중고등학생, 대학생, 성인이 되어서까지 취미 활동으로 즐길 수 있을 만큼 다양한 쓰임이 있다.

아직 걷지 못하는 아이에게 지점토로 어떤 형태를 만들라고 할 수는 없기에 엄마가 읽어주는 동화를 지점토 인형놀이로 보여주고 들려주기로 마음먹었다. 분명 아이도 엄마의 이야기에서 평소와는 다른 느낌을 받을 것이다.

우선 문구점에서 사온 지점토를 조금씩 떼어내 물을 뿌리고 여러 개의 반죽으로 만들었다. 뾰족한 꼬치와 분무기를 사용해 한 덩어리씩 동물 모양을 만들기 시작했다. 찰흙이

나 지점토는 학창 시절 많이 만져본 재료이기에 어렵지 않게 동물의 형태를 만들 수 있다. 너무 잘 만들 필요는 없다. 서툴더라도 엄마의 손맛이 남아 있고 아이가 특징을 알아볼 수 있을 만한 단순한 형태면 충분하다. 다만 한창 색에 반응할 나이기에 빨강, 노랑, 파랑 등 원색 계열로 단순하게 색을 입혔다.

완성된 지점토 동물들을 아이에게 보여주었다. 과장된 형태

를 통해 아이에게 동물의 특징을 인시시켜주고 싶었다. 하나씩 들어 보이며 동물들의 특성을 설명했다. "린아, 이 동물은 코가 길지? 코가 길어서 이름이 코끼리야." "이건 거북이라는 동물이야. 등에 딱딱한 껍질이 있지? 거북이는 무슨 일이 있으면 이 껍질 안에 숨는단다. 하지만 무거운 껍질을 지고 다니느라 걸음이 아주 느릿느릿해." "들창코가 귀여운 이 동물은 돼지란다. 돼지는 꿀꿀 하는 울음소리와 통통한 몸이 특징이야." 유심히 엄마의 이야기를 듣던 아이는 알록달록한 색감 탓인지 지점토 인형에서 눈을 떼지 않았다. 아이는 호기심 어린 눈빛을 반짝이며 손으로 인형을 만져보거나 웃음을 보이기도 했다.

토끼와 거북이 지점토 인형을 색지 위에 놓고 《토끼와 거북이》 이야기를 보여주고 들려주기도 했고, 동물 이미지를 활용한 단순한 이야기를 창작해 보여주고 들려주기도 했다. 그림책보다 더욱 입체감 있고 생동감 있게 이야기를 전달할 수 있어 아이의 감각 발달에도 좋았다.

아이가 성장한 후에도 지점토 인형을 함께 만들면서 다양한 이야기를 창작해볼 수 있다. 그래서 지점토 인형 만들기는 다음 스텝이 더욱 기대되는 미술 놀이기도 하다.

샤갈과 함께 꿈꾸는 밤

〈푸른빛의 서커스〉

종종 자고 싶을 때 잠이 잘 안 오면 아이는 잠투정을 한다. 육아에서 대표적으로 힘든 일이 바로 잠투정하는 아이를 달래서 재우는 것이다. 울고 소리를 지르고 짜증도 내보지만 그럴수록 잠은 더 멀리 달아나버린다. 아이에게 젖병을 물리거나 아이가 좋아하는 이불을 만지게 하며 점차 마음을 안정시켜주어야 스르르 잠에 빠진다.

잠은 삶에서 아주 중요한 부분이다. 짧더라도 잘 자야 한다. 잠을 잘 자고 좋은 꿈을 꾼 날에는 몸도 개운하고 기분도 상쾌하지만 잠이 안 와서 밤새 뒤척거리고 나쁜 꿈까지 꾼 날에는 아침부터 피로와 짜증이 몰려오곤 한다.

색채의 마법사라 불리는 마르크 샤갈Marc Chagall의 〈푸른빛의 서커스Le cirque bleu〉는 잠이 오지 않는 밤 마음을 편안하게 안정

시켜줄 만한 그림이다. 작품을 보고 있으면 샤갈은 행복한 사람이 아니었을까 하는 생각을 하게 된다. 실제로도 부인인 벨라 로젠펠트와의 행복한 결혼 생활이 작품에 많은 영감을 주었다고 한다.

〈푸른빛의 서커스〉를 보면 인물과 사물이 하늘로 부유하고 있고 색채도 환상적이다. 파란색, 빨간색, 보라색 등이 몽환적으로 섞여 있는 화면은 꿈속에서 보는 무의식의 세계 같다. 특히 이 작품은 전체적으로 진한 푸른색을 배경으로 달까지 떠

있어서 꿈속 같은 느낌을 전한다. 푸른 물속에는 녹색의 말과 빨간 몸의 여인이 유연한 포즈로 물고기와 함께 유영하고 있다. 여기에 샤갈 특유의 회화적인 표현이 더해져 나른함이 전해진다. 특히 깊은 물속으로 빠져 들어가는 것처럼 몸을 아래로 향한 여인을 보고 있노라면 깊은 잠의 심해로 빠져들고 싶어진다.

전시장에 종종 화가가 즐겨 들었거나 영감을 받았던 음악을 틀어놓는 경우가 있다. 작품과 결이 맞는 음악을 함께 들으면 작품과 전시에 깊이 몰입하게 된다.

마찬가지로 아이에게 아름다운 명화를 보여주며 어울리는 음악을 함께 들려주는 것도 아이의 정서 발달에 긍정적인 영향을 준다. 아이가 태어나기 전에 태교를 하던 시기에도 음악과 함께 명화를 보는 것은 충만한 감정을 주곤 했다.

아이와 함께 달이 떠 있는 샤갈의 그림을 보며 드뷔시의 〈달빛〉을 들어보면 어떨까. 자기 전에 보고 듣는 샤갈의 그림과 드뷔시의 서정적인 멜로디는 따뜻한 달빛처럼 아이의 마음을 달래줄 것이다.

•

애착 인형으로 안정감 선물하기

내 딸 린이는 절대로 차분한 아이가 아니다. 아들 몇 명 몫은 하는 왈가닥에 힘 조절도 잘 안 되고 고집도 만만치 않아 아이의 아빠와 머리를 맞대고 고민한 것도 여러 날이다. 어쩌겠는가. 아이의 성향은 부모로부터 물려받은 것일 텐데. 어린 시절 내가 사람을 꼬집고 할퀴고 고집을 부리는 성향이 있었다고 하니 '결국 나 같은 딸을 낳았구나' 싶을 때도 있다.

이러한 아이의 성향에 지칠 때도 있지만 반대로 언어가 통하지 않는 아이는 얼마나 답답할까를 생각하게도 된다. 이 시기에는 짧고 부드럽게 타이르는 것이 아이의 정서에도 좋다. 고집을 부리는 아이를 가볍게 안고 가슴을 쓸며 말한다.

"우리 린이 마음이 무럭무럭 자라는 중이구나."

그렇게 속삭이다 보면 아이의 칭얼거림에 지친 내 마음이 안정되곤 했다.

고집을 부릴수록 사랑을 주려고 노력하다 보니 아이의 습관도 조금씩 호전되어갔다. 예민한 아이가 정서적으로 안정된 아이가 되었으면 하는 바람으로 만들어준 것이 애착 인형이다. 애착 인형은 아이가 애착을 가지고 안정감을 느끼는 인형으로 아이의 정서와 사회성 발달에 도움을 준다.

우리 딸이 애착을 보이는 것은 보들보들한 겨울 담요였다. 돌이 되기 전부터 담요를 조물조물 만지거나 빨다가 잠들곤 했다. 인조 털로 뒤덮인 다른 인형들에는 별 관심이 없었다.

아이가 좋아하는 촉감의 천으로 인형을 만들어주고 싶었다. 아이의 겨울 담요는 수면 양말과 재질이 아주 흡사하기 때문에 흰 수면 양말에 솜을 넣어 간단하고 부드러운 인형을 만들었다. 양말 인형은 만들기도 아주 간편하고 아이가 끌어안고 자기에도 크기가 적당하다. 물론 내 경우는 아주 간단하게 애착 인형을 만들었지만 엄마의 솜씨에 따라 아이에게 꼭 맞는 애착 인형을 만들어줄 수 있다.

인형을 만드는 동안 아이는 나머지 수면 양말 한 짝을 만져보고 입에도 넣어보며 촉감을 탐색했다. 지루해하지 않는 아이를 보며 소재를 잘 선택했구나 싶었다.

완성된 인형을 손에 쥐여주자 아이는 만지고 던지고 얼굴을 부비기도 하며 인형을 가지고 놀았다. 몇 번 안아보더니 한쪽 팔에 수면 양말 인형을 끼고 자기도 했다.

푸근한 인형을 끼고 잠든 아이의 모습이 어느 때보다 평화롭고 예뻤다. 엄마의 손길로 만든 인형을 끼고 잠든 아이는 꿈에서도 따뜻한 사랑을 경험할 것만 같았다. 어렵지 않게 만든 인형이지만, 이 인형 하나로 아이에게 평온한 감정을 선물했다고 생각하니 엄마의 마음에도 육아에 대한 보람이 번져갔다.

0세부터 12개월의 아이에게 가장 중요한 것은 애착 형성이다. 또한 아이가 불안해하지 않아야 엄마의 육아도 더 수월해진다. 아이가 좋아하는 것을 유심히 관찰하여 아이에게 맞는 장난감을 만들어주는 것은 안정감 형성에 도움이 된다.

떠나고 싶은 날엔 모네의 그림

클로드 모네Claude Monet의 〈생 – 라자르 역La Gare Saint-Lazare〉 원화를 처음 봤던 순간이 아직도 기억에 생생하다. 중학교 때였을 것이다. 명화를 보기 위해 줄지어 있는 사람들과 엄숙한 미술관의 공기에 압도되었던 나는 이 작은 작품이 발산해내는 거대한 에너지에서 눈을 뗄 수가 없었다. 마치 클로드 모네와 마주 서서 이야기를 나누는 기분이었다고 할까. 화가는 죽었지만 작품은 불멸해서 여전히 에너지를 뿜어내는 느낌. 그런 동경은 내게 화가가 되고 싶다는 최초의 꿈을 꾸게 해주었다.

빛에 섞인 연기의 붓 터치 하나하나가 그토록 회화적으로 살아 있는 이유는 모네가 인상주의 화가이기 때문이다. 18세기 후반 증기기관차와 물감의 발명은 화가들의 작품에도 영향을 주었다. 이동이 편해지면서 야외에서 쉽게 작품 활동을 할 수 있게 되자 인상주의 화가들은 빛에 의해 변화하는 대상을 빠르게 그려냈다. 빛과 수증기가 어우러진 기차역은 빛을 그리는 모네에게는 더할 나위 없이 탁월한 공간이었을 것이다.

클로드 모네, 〈생 - 라자르 역〉, 캔버스에 유채, 75.5×104cm, 1877

그 시절을 살아보지는 않았지만 기차가 증기를 뿜어내는 모습은 무척 설레는 풍경이었을 것이다. 모든 역에는 설렘이 배어 있으니까. 마음이 답답할 때면 훌쩍 어디로든 나갈 수 있었던 예전과는 달리 아이가 태어나고 나서 가장 힘들었던 것은 외출이 쉽지 않다는 점이었다. 모유 수유 때문에 밖에서 보낼 수 있는 시간은 고작 두 시간 남짓이었다. 밤낮이 없는 아이를 하루 종일 돌보다 보면 혼자만의 외출이 자꾸 그리워지곤 했다. 대단한 외출을 원했던 것이 아니라 단지 집 앞의 커피숍에서 즐기는 여유로운 오후가 그렇게 그리웠다. 이 당시 아이를 키우던 내게 바깥 공기에 대한 그리움을 위로해준 그림이 바로 모네의 〈생-라자르 역〉이었다. 〈생-라자르 역〉을 보노라면 기차역의 설렘이 저 끝에서부터 밀려오곤 했다.

날이 풀리면 백일이 지난 아이를 가진 엄마들은 아이와의 외출에 시간을 보내게 된다. 아기들은 밖에 나가는 것을 참 좋아한다. 우리 딸 역시 밖에 나가자고 자주 조른다. 가끔 신발을 들고 와서 떼를 쓰기도 한다. 그러다 내가 딸의 손을 잡고 현관으로 향하면 펄쩍펄쩍 뛰며 박수를 친다. 밖으로 나간다는 것, 새로운 풍경이 펼쳐지는 야외로 이동한다는 것은 그만큼 신나는 일일 것이다.

아이는 밖으로 나가기 직전에 가장 기뻐한다. 그래서 기차역과 공항이 설레는 것이다. 다른 풍경을 맞이하기 직전의 벅찬 기대감과 상상이 가득 채워지는 공간인 까닭이다.

어딘가로 떠나고 싶을 때, 종종 육아로 지친 일상이 지루하게 느껴질 때 아이와 함께 모네의 〈생-라자르 역〉을 보면 어떨까. 피어오르는 증기를 보며 상상해보는 것이다. 기차가 나를 아주 멋진 곳으로 데려다주는 상상. 출발 직전의 두근거림으로 잠시나마 하루의 피로를 잊어보고 아이에게도 모네의 따뜻하고 풍성한 터치를 보여주는 것이다.

어딘가로 떠나고 싶은 설렘이 엄마와 아이의 마음에 모두 닿을 수 있다면 작품을 보는 시간은 더욱 개운한 휴식의 시간이 될 것이다.

Chapter 3

예술은 즐거워!
손으로 자유롭게 표현해봐

| 12~24개월, 놀이 미술 |

종이만 보면 찢고 싶어

종이 촉감 놀이

아이가 백일이 넘어갈 무렵 홈쇼핑에서 아이용 교재 전집을 샀다. 사운드북, 입체북, 촉감책 등 다양한 책들 가운데 얇은 종이로 만든 동화책 세트가 있었다. 아이가 그 동화책을 좋아했던 이유는 얇은 종이를 구기고 찢는 데서 즐거움을 느꼈기 때문이다. 내용을 연결하기 어려울 만큼 종이를 구기고 찢다가 결국 책은 산산조각 나곤 했다. 입체 팝업북은 입체로 튀어나오는 부분을 다 찢어놓아 사실상 입체북의 기능을 하기 어려웠다.

종이 찢기는 그렇게 아이가 가장 즐기는 놀이 활동이 되어갔다. 아이는 발달 단계상 무언가를 오리고 접고 만들 수 있는 시기가 아니었기 때문에 차라리 아이가 즐기는 행위를 놀잇감으로 만들면 좋을 듯했다. 세상의 다양한 면면을 탐색하며 놀잇감을 찾는 시기에 책을 찢는다고 야단을 치기보다는 적극적으로 아이의 탐색을 돕고 싶었다. 그래서 함께해본 것이 다양한 종이 찢기 놀이다.

우선 잡지, 색종이, 장지, 한지 등 여러 종류의 종이를 펼쳐놓았다. 다양한 종이의 촉감과 색깔, 그리고 이미지를 느끼고 이해하게 해주고 싶었기 때문이다. 얇은 마분지는 살짝만 손길이 가도 금세 구겨지고 조금만 힘을 줘도 찢어진다. 그보다 단단한 색종이는 찢을 때 경쾌한 소리를 낸다. 장지는 여러 겹의 화선지를 붙인 전통 종이로, 잘 찢어지지 않는 질김이 특징이다. 얇은 한지는 감촉이 부드럽다. 다양한 종이를 아이에게 제공해준다면 종이를 괴롭히는 경험도 더욱 다채롭게 느낄 것이다.

그다음에는 종이가 찢어지는 소리를 들어보도록 아이의 귓가에서 종이를 찢었다. 그러고는 아이의 손에 종이를 쥐여주었다. 아이는 다양한 종이를 만지거나 구기거나 찢으면서 종이의 성질을 탐색했다.

종이 촉감 놀이는 아이가 평소 엄마에게 혼날 만한 활동을 엄마와 함께 즐기게 해준다는 점에서 특별하다.

늘 웃으며 육아를 하는 것은 쉬운 일이 아니다. 아이는 새 책을 찢거나 티슈 또는 물티슈를 모두 뽑아놓거나 개어놓은 옷을 흩뜨리거나 서랍 안의 물건을 다 꺼내거나 물을 쏟거나 장식용 소품들을 떨어뜨리기도 한다. 아이가 지나간 곳마다 엄마의 일

거리가 쌓이기 마련이다.

　엄마는 짜증을 내고 싶지 않겠지만 집안일과 육아로 지치다 보면 자신도 모르게 아이에게 짜증을 내게 된다. 그러고 나서 '아차, 이 어린아이가 뭘 안다고……' 하며 후회하는 것도 초보 엄마의 어쩔 수 없는 패턴이다. 무엇이든 흡수하는 아이에게 엄마의 짜증이 좋은 영향을 줄 리가 없고 나중에 나의 짜증이 아이의 입에서 나오기라도 하면 더욱 후회하게 된다.

　그러니 아이는 세상에 대한 호기심을 품고 놀잇감을 탐색해 나간다는 사실을 받아들이는 것이 좋다. 훈육을 하기보다는 "엄마와 다른 놀이를 해볼까?"라고 제안하고 아이가 즐기는 활동을 함께해보라고 조언하고 싶다. 엄마와 함께함으로써 아이는 더욱 즐거운 마음으로 호기심을 키워나갈 것이다.

무엇이든 입으로!

구강기 크레파스 놀이

만 2세 이전의 아이와 미술 놀이를 하는 경우 가장 신경 쓰이는 부분은 뭐든 아이가 입으로 집어넣는 '구강기'라는 것이다. 이 시기의 아이는 구강의 자극에서 쾌감을 느끼기 때문에 손에 집히는 것은 일단 입으로 집어넣는다. 기본적으로 미술 활동에는 재료가 필요하고 모든 재료가 입으로 들어가는 상황에서 엄마들은 선뜻 미술 활동을 하기가 부담스러울 수밖에 없다.

사실 나는 이른바 '예민맘'은 아니다. 아이가 직접 경험해보고 싫으면 하지 않을 것이라고 생각하는 스타일이다. 따라서 아이가 뭐든 하지 못하게 막기보다는 정말 위험한 일이 아니면 어느 정도 아이가 위험을 통해 배우게 하는 편이다.

두 돌이 안 된 아기에게 사인펜, 형광펜, 크레파스 등을 쥐여주면 예외 없이 우선 입으로 들어가겠지만 맛이 이상하다는 것을 알아차리고 나면 더 이상 입에 넣지 않는다. 사인펜, 형광펜, 크레파스 등이 아이의 입으로 들어가는 순간 "먹지 마!"라고 주의를 주고 아이와 함께 활동을 해보자. 손에 물체를 쥐는 행위는 아이의 소근육 발달에 도움을 주고 끼적이는 활동은 아이의 만족감을 높인다.

린이와의 끼적임 놀이는 생후 16개월 무렵 시작되었다. 아이는 흰 종이에 사인펜, 형광펜 등으로 뭔가를 그렸다. 형광펜의 밝은 색이 좋은지 꺅꺅 소리를 지르기도 했다. 아이가 혼자 종이에 선을 긋기 어려워해서 종이에 펜이 닿도록 내 손을 펜에 올리기도 했지만 굳이 뭔가 형태를 만들기보다는 가급적 아이의 움직임에 집중했다. 그렇게 아기의 첫 번째 작품이 탄생했다.

이후 크레파스 놀이를 시작했다. 크레파스 놀이는 상 위에 큰 종이를 깔아놓고 엄마와 함께 그림을 그리는 것이다. 흰 스케치북을 펼쳐놓고 뭔가를 그리라고 하기에는 아이가 너무 어렸다. 두 돌 전의 아이에게 끼적이는 행위가 만족감을 줄 수는 있어도 그림을 그린다는 온전한 즐거움을 주기는 어렵다. 아주 어린 아이에게 뭔가를 그리게 하기보다는 엄마가 즐기는 모습을 먼저 보여주면 자연스럽게 아이도 흥미를 갖게 되므로 아이의 그리기 놀이에는 늘 엄마도 함께여야 한다.

단어를 말하기 시작하는 시기에는 내가 형태를 그리면 아이가 대답을 하며 칭찬을 기다리기도 하고, 이 색 지 색 칠해보라며 크레파스를 건네기도 했다. 그럴 때면 빨강, 노랑, 파랑을 섞어 칠하며 색이 변하는 모습을 보여주기도 하고 난색 계열끼리, 한색 계열끼리 칠하며 어울리는 색감에 익숙해지게도 했다. 물론 크레파스 놀이는 아이가 지루해하기 전까지가 적당하다.

엄마와의 크레파스 놀이처럼 이후 아이가 접할 수많은 배움의 시간들이 자연스럽게 호기심을 자극하고 탐구심을 들게 하는 과정이었으면 한다. 미술은 결과물이 아니라 탐색하고 발견하는 과정에서 진가를 발휘한다. 아이들이 보기에는 결과물이 더 흥미롭고 중요하게 느껴질지라도 미술 탐구의 가장 큰 장점은 실험하고 배워나가는 과정에 있다.[5]

어린이집에서 크레파스 동요를 들려주자 린이가 울먹이며 엄마 아빠를 찾았다는 선생님의 이야기를 듣고 엄마와 함께하는 그리기 시간이 린이의 가슴속에 생긴 최초의 '그리움'은 아니었을까 하는 생각이 들었다. 그림의 다른 말도 그리움이다. 쌓여가는 끼적임의 시간이 엄마를 떠올리게 하는 '따뜻한' 그리움이 되길 바랐다.

르누아르와 건반 놀이

〈피아노 앞에 앉은 소녀들〉

피아노를 치기엔 어리지만 건반에서 나오는 소리에는 반응하는 딸. 왈가닥 딸의 건반 놀이는 '놀이'라기보다 거의 건반을 부수는 수준이었다. 왔다 갔다 하며 쾅쾅 건반을 때리고 지나가는 아이에게 건반은 무언가를 연주하고 아름다운 소리를 만드는 악기라는 것을 알려주고 싶었다. 하지만 두 돌도 되지 않은 아이에게 악기를 가르치는 것은 무리였다. 그래서 좀 더 차분하게 건반을 탐색하길 바라는 마음으로 아이의 건반 장난감 위에 피에르 오귀스트 르누아르^{Pierre-Auguste Renoir}의 작품 〈피아노 앞에 앉은 소녀들^{Jeunes Filles au Piano}〉의 이미지를 붙였다.

두 소녀가 평온한 모습으로 피아노를 연주하는 아름다운 그림. 르누아르의 그림은 아침 햇살 속에서 태어난 것 같다. 아름다움을 향한 강한 로망이 묻어나듯 색감이며 표현이 햇살에 비

친 벨벳처럼 따뜻하다. 르누아르의 현실은 그리 넉넉하지 않았
지만 르누아르의 그림들은 평온한 부르주아의 일상을 담고 있
다. 일종의 로망이기에 더욱 비현실적으로 아름다운 작품이 나
오지 않았을까. 역시 '아름다움을 그리는 화가'답다.

여느 때처럼 건반으로 씩씩하게 다가오던 아이가 그림을 보
며 멈칫한다. 나는 아이를 부드럽게 감싸 안으며 그림을 설명
했다.

"린아, 그림 속의 소녀가 피아노를 치고 있어. 여기 린이에게
도 피아노가 있네? 두 소녀가 참 행복해 보이지? 악보를 유심
히 바라보며 피아노를 치는 것을 보니 금방이라도 아름다운 소

리가 들릴 것만 같아. 린이도 건반으로 아름다운 소리를 연주해볼까?"

건반과 그림을 번갈아 보는 아이. 아이는 엄마가 이 작품을 건반 위에 붙여놓은 마음을 이해하는 걸까? '쿵' 하고 건반을 때리고 지나가기 전에 잠시라도 눈이 르누아르의 작품에 머무는 것은 긍정적인 변화다.

언젠가 아이의 손끝에서 아름다운 선율이 흐르는 날을 기다린다.

캐릭터를 찾아라

숨바꼭질 그림

결론부터 말하자면 나는 슈퍼맘이 아니다. 이것을 인정해야만 일과 육아의 줄다리기에서 마음의 평정을 찾을 수 있다는 것을 아이가 두 돌이 다 되어갈 즈음에야 깨달았다.

출산 3주 만에 작업에 복귀해 개인전을 비롯한 대외 활동들을 빡빡하게 이어나갔다. 작업 시간이 부족해 집 안에 이젤을 펴놓고는 아기의 눈치를 보며 아기가 자는 틈틈이 일을 이어나갔다. 낮잠 시간이 줄어드는 아이의 성장 패턴에 맞추어 작업 패턴도 바꾸어야 하니 아이와 함께 일하는 것이 이만저만 힘들지 않았다.

육아를 시작하면서 비로소 전업 주부에 대한 존경심이 생겨났다. 그나마 내가 집에서도 일을 계속할 수 있는 프리랜서라는 것이 다행스럽게 느껴졌다. 나와는 달리 상황이 녹록지 않은 엄마들은 원치 않게 경력이 단절되기도 한다. 일과 육아를 병행할 수 있는 상황에 감사하면서도 '힘만 들고 티도 안 나는' 육아는 심신을 지치게 했다.

생후 17개월 무렵 아이를 다소 일찍 어린이집에 보내면서도 마음이 편치 않았다. 아이를 장시간 떨어뜨려놓고 일한다는 죄책감이 한시도 머리에서 떠나지 않았다. 면역력이 약한 아이가 감기를 달고 다닐 때면 아이를 너무 고생시키는 것이 미안해 처절하게 울면서도 일을 멈추지 못했다. 다른 '보통의 워킹맘'처럼. 급기야 아이가 애정이 부족한지 어린이집에서도 이불을 놓지 않는다는 이야기를 듣고는 함께 있는 시간에 충분히 사랑해줄 방법을 심각하게 고민해보았다.

본격적으로 아이와의 미술 놀이를 준비하게 된 배경에는 이런 워킹맘의 애환이 담겨 있다. 일주일에 하루 이틀이라도 함께 있는 시간만큼은 온전히 아이를 위해 정성을 다하자는 마음이었다. '양보다는 질로 하는 육아'를 결심하고 나서 미술 놀이가 번거롭더라도 일하는 엄마의 미안함을 그렇게 줄여보려고 했었다.

하지만 신기하게도 미술 놀이를 하면서 육아의 피로는 오히려 줄어들었다. 어떻게 놀아줘야 할지 몰라 지루하기도 했던 육아는 미술 놀이 덕분에 엄마와 아이가 함께 즐기는 시간으로 바뀌어갔다. 엄마가 리드하는 놀이에 아이가 기뻐하는 것이 힘들게 육아에 끌려 다니는 것보나 훨씬 수월했다. 놀이 중에 아이를 안아주고 칭찬해줄 때마다 아이는 기쁘고 뿌듯한지 웃음을 터뜨리며 박수를 치곤 했다. 자연스럽게 엄마가 준비해준 미술 놀이 식탁에 앉아 '오늘은 뭐지?' 하는 듯 호기심 어린 표정을 지을 때면 나도 아이와 함께할 미술 놀이가 기대되었다.

늘 곁에서 돌보아주지는 못해도 함께하는 놀이의 추억이 새롭고 즐거운 자극으로 오래 기억되길 바라는 마음이 스케치북 한 장 한 장에 담겨갔다.

다양한 놀이를 하다 보면 특별히 아이가 좋아하는 활동을 자연스레 알게 된다. 린이는 손에 직접적인 촉감이 느껴지는 놀이는 적극적으로 즐기지 못하지만 도구를 활용한 그리기는 소리를 지를 만큼 좋아한다. 임신 중에 늘 붓으로 그림을 그려서인지 특히 붓을 쓰는 활동을 좋아한다. 아이는 물통, 작은 물감 접시들, 스케치북을 늘어놓고 손에 붓을 쥐여주기만 해도 즐겁게 놀았다. 하지만 나는 아이가 좀 더 다양한 활동을 경험하도록 '엄마와 함께하는 수채화 놀이'를 생각하게 되었다.

여느 아이들이 그렇듯 린이도 뽀로로 캐릭터를 무척이나 좋아했다. 지나가다 캐릭터를 보면 만져보고 소리 지르고 박수를 치며 좋아하기도 했다. 그래서 한번은 아이가 안 볼 때 스케치북에 하얀 크레파스로 뽀로로 캐릭터를 그려놓았다.

여느 때처럼 물감으로 붓질을 하던 아이가 종이에 어떤 형태가 떠오르자 멈칫하며 신기해했다. 반 이상 붓질이 지나가자 아이의 얼굴에 환한 미소가 번졌다. 아이는 "뿌아, 뿌아"를 외치고 박수를 쳤다. 종이의 흰 부분을 채우자 선명히 드러난 하얀 캐릭터. 나는 아이에게 스케치북을 보여주며 잘했다고 머리를 쓰다듬어주었다.

아기는 칭찬에 무척 민감하기 때문에 엄마의 칭찬을 좋아하고 칭찬해주는 엄마에게 오랫동안 관심을 보이기도 한다.[6] 아이를 칭찬해주면서 평소와는 다른 미술 활동의 기쁨을 알려줄 수 있어서 나 역시 기뻤다.

흰 드로잉으로 깜짝 이미지를 선물한 이후, 평범한 미술 놀이로 기쁨을 줄 수 있는 또 다른 방법을 고민했다. 어린 시절에

했던 미술 활동 하나가 생각나 동전을 한 줌 준비했다. 종이 밑에 납작한 사물을 깔고 색칠을 해서 면을 베껴내는 프로타주 frottage7 기법의 놀이였다. 방법은 간단하다. 스케치북 뒤에 동전을 깔아놓고 여느 때처럼 아이에게 연필을 쥐여주었다. 나도 아이와 함께 연필을 들고 스케치북을 메워갔다.

연필 선이 움직이는 곳마다 입체감이 살아나고 동전의 형상이 보이기 시작했다. 아이는 끼적이다가 멈칫하더니 종이를 뒤로 넘겨 동전을 찾아내기도 했다. 아이는 동전 그림이 어떻게 만들어지는지 궁금한 듯했다. 연필로 동전의 형태를 드러내려면 얇게 골고루 면을 메워야 하는데, 이맘때의 아이에게는 쉽지 않은 기법이다. 따라서 엄마가 함께 면을 메워준다면 아이는 흥미롭게 동전 프로타주 그림을 관찰할 수 있을 것이다.

손길이 지나가는 곳마다 동그란 형태의 동전이 나타나는 것이 신기했는지 아이는 평소보다 오랫동안 연필을 끼적였다.

자칫 반복적인 끼적임이 아이를 지루하게 만들 수도 있지만 동전 그림이 그런 지루함을 날릴 활력을 주었다. 동전 프로타주는 평소와 다른 즐거움을 주는 간단한 놀이다.

아이와의 미술 놀이는 육아로 지친 엄마를 더욱 힘들게 하기보다는 엄마의 심적 피로를 오히려 덜어주는 활동이다. 짧은 시간이라도 엄마가 나를 위해 온전히 시간을 보내고 모든 관심

을 자신에게 쏟는다고 생각하면 아이 역시 엄마에게 더욱 단단한 애착을 갖게 된다. 미술 활동이 사랑이 담긴 특별한 놀이인 이유다.

스케치북에 뜬 소금별

수채화 놀이

아이는 일주일에 두세 번 정도 수채화 놀이를 했다. 종이 위에 붓을 움직이는 것을 좋아하는 아이였지만 늘 비슷한 붓질에 변화를 보여주고 싶다는 생각이 문득 내 머릿속을 스쳤다.

기억에 남은 수채화 기법을 더듬어보니 '소금 뿌리기' 기법이 가장 먼저 떠올랐다. 붓으로 무언가 효과를 낼 수 있는 나이는 아니었기에 소금 뿌리기 기법으로 아이의 붓질을 더 멋지게 완성시켜주고 싶었다. 소금 뿌리기 기법의 원리는 간단하다. 종이에 수채화로 채색을 하고 나서 물감이 덜 마른 종이 위에 소금을 뿌리면 삼투압 현상으로 소금이 물을 빨아들이면서 특이한 패턴을 만들어내는 원리다.

소금이 하얗게 퍼져나가는 모양이 예뻐서 학창 시절에는 이 얼룩을 '소금별'이라고 불렀었다. 아이의 그림에도 소금별이

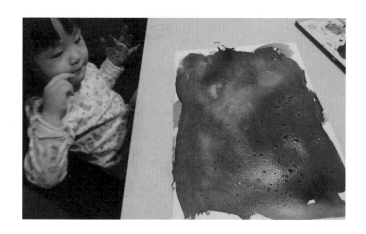

떠오르게 해주고 싶다는 생각에 푸른 계열의 물감을 진하게 풀어 종이와 함께 준비했다. 번지는 느낌을 더욱 효과적으로 내기 위해 고급 수채화지인 아르슈지를 준비했다. 나는 장당 1만 원이 넘는 아르슈지를 작업용으로 가지고 있었지만 굳이 비싼 전문지를 쓰지 않아도 된다. 일반 켄트지로도 충분히 소금별을 띄울 수 있다.

　너무 되지 않게 팔레트에 물감을 풀고 아이와 함께 종이에 채색을 했다. 이내 짙푸른 밤하늘이 종이 위에 펼쳐졌다. 그리고 물기가 마르기 전에 굵은 소금을 종이에 뿌렸다. 당장은 아무 무늬도 나오지 않아 아이가 의아한 표정을 지었지만 이내 소금 주위가 환하게 변하기 시작했다. 아이는 신기했는지 소리를 지르며 덜 마른 종이를 손으로 뭉개기도 했다.

시간이 좀 더 흐르자 아이의 끼적임에 하얀 소금별이 떠올랐다. 소금별 놀이는 1~3세 때는 끼적임에 즐거움을 더해주는 놀이고 그 이후에는 과학적으로 원리를 설명해주며 즐길 수 있는 놀이다. 언젠가 아이가 학교에서 삼투압을 배우면 다시 한 번 해보고 싶은 미술 활동이다.

손으로 만지는 구름

드라이아이스 인형

어린 시절 유아 프로그램을 보다 보면 종종 가면을 뒤집어쓴 과학자가 연기가 흘러나오는 비커나 삼각플라스크로 실험을 하는 장면이 나오곤 했다. 프랑켄슈타인 같은 괴물이나 로봇 등의 탄생 비화에는 꼭 그런 과학자가 등장했고 신기한 모습으로 흘러나오는 흰 연기는 실험실을 상징했다.

내가 조금 자랐을 무렵 엄마는 프랜차이즈 아이스크림 가게에서 아이스크림을 사오곤 하셨다. 아이스크림 상자에는 묘하게 연기를 내는 무언가가 들어 있었다. 연기를 내는 물체에 손을 댔다가 얼음보다 차갑고 따가운 느낌에 소스라치게 놀라 손을 뗐었다. 그리고 물에 그 물체를 넣었더니, 어린이 프로그램에서 종종 보았던 실험실의 연기가 스멀스멀 피어올랐다. 너무 신기해서 연기 속에 손을 넣었다 뺐다 해보았지만 이내 연기는

모두 사라지고 말았다. 못내 아쉬운 생각에 다음부터는 아이스크림만큼이나 그 물체를 기다리곤 했다. 그것은 바로 '드라이아이스'였다.

선물 받은 상품권을 쓰기 위해 아이스크림 가게에 갔다가 어린 시절의 추억이 떠올랐다. 마침 아이는 시각으로 인지되는 형태와 손으로 느껴지는 감각이 어느 정도 연결되어가는 시기였다. 눈에는 보이지만 촉감이 직접 전달되지 않는 하얀 드라이아이스 연기는 아이에게 기체에 대한 특별한 경험을 선물해주리라 생각했다. 무엇보다 아이가 신기해하고 즐거워할 듯했다. 어린 시절에는 신기한 현상들이 그렇게 재미있게 느껴지니까.

신비한 드라이아이스를 어떻게 보여주면 더 재미있을까 고민하다가 페트병을 잘라 흰 시트지를 붙여 사람 모양을 만들었다. 일회용 스푼으로 팔을 달고 유성펜으로는 위를 바라보는 놀란 표정을 그렸다. 마치 머리에서 연기가 나서 깜짝 놀란 것처럼.

페트병에 물을 적당량 담고 드라이아이스를 넣자 연기가 스멀스멀 흘러나오기 시작했다. 처음에 아이는 놀란 듯하다가 이내 신기한지 손을 넣었다 뺐다 하며 까르르 웃었다. 모두 재활용 재료를 활용한 놀이였기에 더욱 뿌듯했다. 아이의 호기심을 자극할 만한 신비한 현상 놀이는 가까운 곳에서도 어렵지 않게 찾을 수 있다.

눈, 코, 입이 어디 있나

그림 퍼즐

홍콩 쇼핑몰의 신년 기념 콜라보레이션을 진행하게 되어 짧은 홍콩 일정에 몸을 실었다. 돌이 갓 지난 아이를 시댁에 맡기고 행사를 가는 것에 마음이 무겁기도 했지만 하나를 얻으려면 하나를 놓아야 하는 것이 어쩔 수 없는 엄마의 자리였다. 시댁에 자주 아이를 맡기는 탓에 굳이 엄마를 따라나서지 않고 할머니 품에 안겨서 "엄마, 안녕"이라며 손을 흔드는 아이의 모습이 외려 안쓰럽기도 했다.

그렇게 조금은 복잡한 마음으로 홍콩에 도착했다. 춘절의 설렘이 가득한 공기가 중국에 왔음을 실감하게 했다. 한국보다 훨씬 적극적으로 복을 기원하는 중국 문화는 작품에도 적지 않은 영향을 주었다. 이번 행사는 춘절에 한 해의 복을 기원하는 의미로 쇼핑몰 로비에 조형물을 설치하고 전시를 진행하며 아트 상품을 판매하는 등의 콜라보레이션 행사였다.

쇼핑몰 로비에는 작품을 모티브로 만든 조형물에 관객들의 참여를 유도하는 다양한 이벤트들이 진행되고 있었다. 내 작품 이미지의 안경이나 입술 등에 자석을 달아 이를 보드에 붙여 자신만의 얼굴을 만들기도 하고 작품의 이미지로 만들어진 대형 큐브를 조립해볼 수도 있었다.

한쪽 책상에는 린이보다 조금 큰 아이들이 옹기종기 모여 작품을 단순화시킨 이미지에 색칠을 하고 있었다. '복(福)'이라는 글자를 모티브로 하는 작품이 대형 바람개비로 설치되어 아이들은 복을 기원하며 바람개비를 돌리기도 했다. 조형물 내부에 설치된 알록달록한 작품들도 아이들의 흥미를 끌어 관객들은 대부분 아이들이었다. 내 작품으로 아이들과 즐길 수 있는 방법이 이토록 다양하다는 것이 새삼스러웠다.

아기 모델들과 포토존에서 사진을 찍으며 시댁에 맡겨둔 딸이 많이 생각났다. 이내 아이가 조금 크면 엄마와 함께할 수 있는 그림 놀이 아이디어가 하나둘 떠오르기 시작했다. 이번 콜라보레이션처럼 드로잉에 색칠을 하고, 자석으로 얼굴을 만들어보고, 퍼즐처럼 그림을 맞추면 좋겠다는 생각이 들었다. 무엇보다 집에서 하기에도 어렵지 않겠다 싶었다.

며칠간의 현지 기자간담회 일정을 마치고 한국으로 돌아와

홍콩에서 본 대로 아이와 함께 놀 만한 놀잇감들을 만들었다.

두꺼운 종이에 그림의 이미지를 붙이고 여섯 등분으로 자른 다음 뒷면에 자석을 붙였다. 냉장고 아래쪽에 조각난 이미지들을 붙인 다음 아이와 함께 맞춰보았다. 간단해 보이지만 이미지 퍼즐을 맞추기에 아이는 아직 어렸다. 아이는 틀리기도 하고 머뭇거리기도 했지만, 그래도 늘 익숙하게 보던 그림이었기에 조금씩 맞춰나갔다.

아이가 익숙하게 보던 그림이라면 퍼즐 맞추기도 좀 더 친근하게 느껴질 것이다. 그러니 평소 아이와 함께 보던 명화 이미지를 잘라 맞춰보는 것도 의미 있는 미술 활동이 될 수 있다. 퍼즐 놀이는 아이와 함께하면서 칭찬도 해주고 아이의 성장 발달에도 도움이 되는 유익한 활동이다.

퍼즐 놀이를 하고 나서는 안경, 입술 등을 프린트한 종이를 두꺼운 판지에 붙이고 뒷면에 자석을 부착했다. 얼굴이 그려진 보드 위에 안경이나 입술 등을 붙이는 놀이를 하기 위해서였다. 아이가 네 살 정도가 되었을 때 함께 색칠 놀이를 해보기 위해 미리 드로잉도 해두었다. 아이의 월령이 높아짐에 따라 함께하면 좋을 듯한 놀잇감들이 엄마의 작품을 모티브로 하나둘 탄생했다.

엄마가 좋아하는 작품으로 퍼즐이나 색칠 놀이를 만들어주는 것은 그리 어려운 일이 아니다. 엄마의 정성이 담긴 간단한 놀잇감들 덕분에 아이는 명화를 보며 이미지를 맞추는 놀이를 할 수 있게 된다.

내 아이는 20개월이 지나자 퍼즐로 엄마의 작품을 완성할 수 있게 되었다. 아이와 떨어져 있어야 했던 해외 출장이었지만 덕분에 아이와의 새로운 놀이를 만들 수 있어서 조금이나마 미안함을 덜었다.

동전으로 그리는 그림

크레파스 스크래치

누구나 한 번쯤 해보았을 법한 미술 놀이가 있다. 유년 시절 자신의 스케치북을 넘겨본다면 꼭 하나는 있을 크레파스 스크래치화다. 색동저고리의 팔처럼 선명한 색을 종이에 칠하고 그 위를 까만 크레파스로 덮은 다음 뾰족한 것으로 긁어내듯 그리는 그림. 과정에는 노동이 필요하지만 드로잉을 할 때마다 알록달록한 라인이 그려지는 것이 마냥 좋았다.

어느 휴일, 어린 시절의 스크래치 그림이 생각나 아이와도 한번 해보고 싶었다. 하지만 아이가 적어도 유치원생 이상은 되어야 꼼꼼하게 크레파스로 색칠도 하고 뾰족한 물체로 그림도 그릴 수 있었다.

그래서 아이의 월령에 맞게 스크래치의 기법적인 부분만 함께 체험해보기로 했다. 재료를 긁어내며 형태를 나타내는 놀이 활동은 흰 종이에 그림을 그리는 활동과는 달리 아이에게 새로운 느낌을 전해줄 듯했다.

우선 이미지가 인쇄된 종이를 찾았다. 이왕이면 아이가 이해할 만한 동물이나 사물 또는 캐릭터 등이 좋다. 내가 택한 것은 아이가 좋아하는 캐릭터 이미지였다. 표면이 코팅된 캐릭터 이미지를 까만 크레파스로 덮었다. 잡지 재질처럼 종이가 너무 얇다면 두꺼운 종이를 한 번 더 붙이는 것이 좋다. 그래야 스크래치로 종이가 힘없이 찢어지는 것을 방지할 수 있다.

까만 크레파스로 이미지를 덮고 나니 린이가 좋아하는 캐릭터들은 온데간데없이 감추어졌다. 나는 동전 두 개를 들고 아이와 테이블 앞에 앉았다. 그러고는 까만 이미지를 보여주면서 "린아, 이 안에 뿌아가 있대. 우리 뿌아를 구해줄까?"라고 말을 걸었다. 까만 종이가 뭔지 모르겠다는 표정으로 쳐다보는 아이 손에 동전을 쥐여주고 아이의 손을 잡았다. 그리고 크레파스로 덮인 표면을 긁어내기 시작했다. 코팅된 종이기에 동전으로 크레파스를 벗겨내는 것은 어렵지 않았다. 동전이 시원한 라인을 그리며 크레파스를 벗겨나갈 때마다 아이가 좋아하는 캐릭터의 모습이 드러났다.

절반 정도 벗겨졌을까. 캐릭터를 알아본 아이가 "뿌아 뿌아" 하며 기뻐했다. 두 장의 종이를 덮은 크레파스를 벗기며 아이

는 재료를 긁어내는 새로운 미술 활동을 체험했다.

색색의 크레파스 이미지 위에 검은색을 칠한 다음 뽀족한 물건으로 자유롭게 끼적이게 하는 것도 아이의 입장에서는 새로운 미술 놀이고, 아이의 다른 놀이에도 다양하게 응용 가능한 방법이다.

그리기, 찢기, 오리기, 긁어내기 등 기법적으로 다양한 미술 활동을 접하는 것은 아이의 응용력과 창의력을 자극한다.

내 맘대로 조물조물

밀가루 반죽 놀이

어린 시절 나는 블록 놀이보다는 지점토 놀이를 좋아했다. 이러한 성향이 나를 예술가의 길로 이끌었는지도 모르겠다. 블록을 하더라도 설명서와 상관없이 나름대로의 형태를 만들곤 했다. 어떤 결과가 나올지 미리 알아버리면 김이 빠졌고 결과를 모르는 가운데 형태를 만드는 것이 더욱 즐거웠다.

덩어리 반죽이 손에 의해 특별한 형태로 변화하는 과정은 무척이나 창의적인 활동이다. 반죽은 도구나 스킬에 따라 손안에서 얼마든지 변화하는 무한한 가능성을 가지고 있다. 아이가 반죽 놀이를 통해 다양한 가능성을 경험하게 하고 싶어서 20개월 무렵부터 반죽 놀이를 시작했다.

역시나 뭐든 입으로 들어갈 위험이 있는 시기라서 안전을 위해 밀가루 반죽에 식용색소를 넣어 놀잇감을 만들었다. 마트나

인터넷에서 이왕이면 빨간색, 노란색, 파란색 식용색소를 사서 흰 반죽까지 네 개 덩어리를 만드는 것이 좋다. 밀가루 반죽은 색에 대한 이해에도 도움이 되는 재료다.

밀가루에 식용색소를 몇 방울 떨어뜨리고 여러 번 반죽하니 예쁜 빨강, 파랑, 노랑 반죽이 완성되었다. 네 개의 반죽으로 만들어낼 수 있는 색은 무궁무진하다.

책에서 단어를 설명할 때마다 늘 색을 함께 읽어주곤 했다. "린아, 빨간 사과가 있네. 여기는 보라색 포도가 있네." 그렇게 색에 대한 관심을 유도했다.

밀가루 반죽 놀이를 할 때에도 먼저 색을 알려주었다. 노란 반죽으로 별을 만들어 보여주고 노랑과 빨강을 섞어 주황을 만들었다. 노랑과 파랑을 섞어 녹색 반죽을 만든 다음 주황색 반죽에 붙여서 당근을 만들고 빨간 반죽 위에도 붙여서 사과를 만들었다. 주황색 반죽에는 다시 흰 반죽을 섞어 아기 발을 만드는 식으로 색이 두 번, 세 번 섞였을 때의 변화를 눈으로 보게 했다. 아이는 형태가 나올 때마다 "꽃", "딸기", "발" 하며 신기한 듯 눈을 반짝였다.

반죽으로 빨주노초파남보의 무지개색 별을 만들어 보여주기도 했다. 같은 형태를 "빨간 별, 파란 별, 노란 별……"이라고 설명해주어야 색이라는 개념을 이해하기 쉬울 것 같았다.

그다음에 반죽을 아이의 손에 쥐여주었다. 아이는 촉감이 이상한지 꺅 소리를 지르기도 하고 장난을 치기도 하면서 손의 힘에 따라 모양이 변화하는 반죽을 유심히 바라보았다.

삼원색의 밀가루 반죽 놀이는 새로운 촉감을 탐색하고, 미감과 창의력 그리고 소근육 발달에 도움을 준다. '만능 놀잇감'이라는 별칭이 아깝지 않다.

나에게도 오래된 향수를 불러일으키는 반죽 놀이를 하며 마음으로 속삭였다.

"린아, 린이는 이 반죽처럼 무궁무진한 가능성을 가진 아이란다. 너의 노력과 정성 그리고 집중력에 따라 너는 정말 아름다운 색으로 변화할 수 있어. 늘 긍정적인 마음으로 아름답게 삶을 빚어나가렴."

화선지에 스미는 예술

먹물 마블링

동양화 전공인 나에게 수묵화는 무척이나 창의적인 미술 활동이다. 수묵화는 오직 물에 의한 농도로 진하고 흐린 면이 나타나고 붓에 의한 기법으로 사물의 질감이 표현된다. 한마디로 단순한 재료만으로 마법처럼 작품이 만들어지는 것이다. 작업에 들어가기 전에 벼루에 먹을 가는 시간은 성급한 내 마음을 안정시켜주었고 수정이 되지 않아 한 번의 획에 집중해야 하는 동양화의 특성은 집중력을 길러주었다. 그래서인지 수묵화를 처음 그려보았을 때의 긴장과 설렘은 오랜 시간이 지나도록 기억에 남았다. 아이가 크면 꼭 동양화나 서예를 가르쳐야겠다고 마음먹은 것은 그 과정이 주는 잔잔한 깊이 때문이었다.

물과 먹이 화선지에 서서히 스며들며 만들어내는 아름다운 하모니를 아이도 경험하게 해주고 싶었다. 하지만 두 돌도 되지 않은 아이는 아직 크레파스도 제대로 잡지 못하는 상태였다. 그래서 생각해낸 것이 먹물 마블링이었다.

물에 먹물을 떨어뜨리고 화선지로 살짝 찍어내면 신비로운 마블링 작품을 만들 수 있다. 방법은 간단하다. 접시에 찰랑찰랑하게 물을 채운다. 그리고 붓에 진한 먹물을 묻혀 몇 방울을 접시에 떨어뜨린다. 그러고는 자른 화선지를 접시 위에 살짝 얹었다 떼어내면 먹물이 화선지에 선명하게 찍히게 된다. 먹과 물, 그리고 화선지만으로 만들어지는 아름다운 마블링에 아이도 호기심을 보였다.

먹물 마블링은 힘을 조절하여 다양한 무늬를 만들어낼 수도 있다. 접시에 먹물을 떨어뜨리는 대신 살짝 붓을 움직여 먹물을 풀면 종이에 곡선을 찍어낼 수 있다. 또한 그 상태에서 접시를 살짝 흔들면 더욱 섬세한 무늬가 만들어지고 먹물을 흐리게 하면 은은한 패턴을 찍어낼 수도 있다. 처음에 화선지가 젖어 있을 때는 선명하지 않지만 화선지가 마르면 패턴이 더욱 아름다워진다.

화선지에 먹물이 번져가는 것을 패턴으로 만들어보는 것도 재미있는 미술 활동이다. 우선 색종이 크기로 자른 화선지를 여러 번 접어서 길쭉한 지우개 크기로 만든다. 그리고 아이에게 한쪽 끝을 먹물에 담그게 한다. 빠르게 흡수된 먹물이 화선

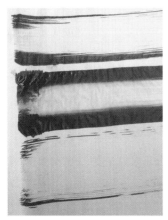

지의 중간까지 올라왔을 때 화선지를 접시에서 빼낸다. 그 상
태로 화선지를 펼치면 단순한 번짐이 만들어낸 아름다운 패턴
이 나타난다.

그 외에도 아이가 먹과 화선지의 특성을 활용한 다양한 현상
을 관찰하게 해주었다. 구긴 화선지 표면에 먹물을 전체적으로
바르고 펼치니 거친 무늬가 나타났다. 손가락 한 마디 크기로
접고 또 접은 화선지의 두 변에 한참 동안 먹물이 스며들게 하
고 펼치니 꽃무늬 같은 패턴이 나왔다. 붓에 먹물을 묻히고 종
이의 양끝에서 안쪽으로 빠르게 선을 그리기도 했다. 그러자
종이의 양끝에서 안쪽으로 먹물이 그라데이션을 이루며 아름
다운 선이 나타났다.

엄마가 시연을 해준 다음 아이에게 동양화 붓을 직접 쥐여주고는 종이에 스며들거나 번지는, 매체의 독특한 특성을 체험하게 했다.

아이가 좀 더 자라면 수묵화의 다양한 기법을 보여주고자 한다. 물의 양과 먹물의 농도에 따라 변화무쌍하게 화선지를 누비는 붓을 보고 함께 선도 그려보면서 아이는 단순한 재료의 다양한 가능성을 실감할 것이다. 그리고 좀 더 자라면 먹을 갈고 집중해서 그리는 과정을 통해 아이에게 인내심을 가르쳐주고 싶다.

쿵쿵 찍으면 작품이 돼

손바닥 스탬프

20개월 무렵의 아이에게 '그리기'는 곧 '끼적임'이다. 어떠한 형태, 색깔, 주제로 그리는 것이 아니라 도구로 색을 칠하며 즐거워하는 행위 자체가 미술 활동이기에 이 시기에는 아이의 발달 단계에 맞게 아이가 최대한 즐길 수 있는 놀이를 함께하는 것이 좋다.

3세 이전은 무언가를 그릴 수 있는 나이가 아니기에 미술 활동이 제한적이라고 생각할 수도 있지만 주변을 잘 찾아보면 아이가 즐길 수 있는 활동들이 많다.

그중 하나가 도장 찍기 놀이다. 이미 이미지가 그려진 도장은 찍는 행위만으로 하나의 이미지가 탄생하기 때문에 아이에게 쉽게 흥미를 줄 수 있다. 누구든 집에 도장이 한두 개쯤은 있을 것이다. 집에 있는 캐릭터나 패턴 도장들, 잉크 패드, 스케치북을 준비했다. 아이는 도장 사용법을 모르기 때문에 먼저 엄마가 도장을 여러 번 찍어주는 것이 좋다.

아이 손에 도장을 쥐여주니 몇 번 쳐다보고는 입에 넣으려다가 곧 스케치북에 찍어본다. 아이의 손힘이 약해 똑바로 찍지 못하고 도장이 옆으로 넘어지기도 했지만 아이를 도와주지

않고 도장이 제대로 찍힐 때까지 지켜보았다. 자꾸 시도하다 보니 제법 손에 익숙해졌는지 도장이 패턴처럼 종이를 메워갔다. 아이의 소근육도 발달시키고 스탬프를 찍는 새로운 경험도 하게 해주는 미술 활동이다.

도장이 아니더라도 과일이나 채소 같은 자연적인 소재들도 스탬프 놀이의 훌륭한 소품이 될 수 있다. 서랍과 냉장고에는 아이의 흥미로운 놀잇감이 가득하다.

종이에 찍기 활동으로 다양한 사물뿐 아니라 신체를 활용해 보는 것도 좋다. 아이의 앙증맞은 손을 보고 있으면 절로 입가에 미소가 걸린다. 통통하고 작은 손은 하루가 다르게 부쩍 커가고 그 기록을 스케치북에 남기고 싶은 욕심이 생겼다. 사진보다 더욱 생생한 아이의 손자국을 보게 되면 보드랍고 작은 아이 손이 오래도록 기억에 남을 것 같았다.

그래서 생각해낸 것이 손바닥 찍기였다. 행위 자체에서 즐거움을 얻을 수도 있고 나중에 완성된 그림에서 자그마한 손바닥의 흔적들도 볼 수 있으니 더욱 생동감 있는 미술 활동이 될 것 같았다.

아이의 손바닥을 그림으로 남기기 위해 우선 종이를 펼치고 아이의 손이 들어갈 만한 접시 세 개를 준비했다. 시중에 흔히 파는 일회용 접시도 좋다. 각각의 접시에 빨강, 노랑, 파랑 물감을 짜서 물에 섞었다.

아이를 앉히고 가장 밝은 노란색 물감부터 손바닥에 칠해주었다. 아이는 처음에는 물감 색이 낯설었는지 손을 적극적으로 펴지 못하다가 종이에 손바닥을 한 번 찍은 후로는 그 촉감에 호기심을 보였다. 아이는 손을 쥐었다 폈다 하며 손에 물든 색을 관찰하거나 촉감을 느꼈다. 점차 재미를 느꼈는지 물감을 손으로 만지거나 종이에 손을 비비거나 손가락으로 선을 긋기도 하며 나름의 지두화를 그려나갔다.

노란색을 찍은 후에는 빨간색을 찍었다. 흐린 색부터 진한

색으로 순서대로 찍어야 색이 많이 혼합되지 않고 선명하게 나타난다. 손바닥은 최대한 다양한 방향에서 자유롭게 찍게 지도하는 것이 좋다. 이미 찍혀 있는 노란 손바닥 위로 빨간색이 겹쳐지며 미묘한 색감의 차이를 만들어냈다.

마지막으로 파란 물감을 찍으면서 손바닥 그림은 완성되었다. 완성된 손바닥 그림을 말린 다음 아이에게 보여주었다. "린아, 린이의 손자국이 예쁜 그림이 되었네?" 아이에게 말을 걸어보기도 하고 손을 직접 대어보게도 했다. 아마도 1년만 지나면 부쩍 자란 자신의 손 크기를 확인해볼 수 있을 것이다.

소근육이 발달하고 손의 감각이 예민해지는 시기에 손을 활용한 미술 활동을 하면 아이가 더욱 적극적으로 자신을 표현하게 되고 감각도 더욱 발달하게 된다. 색을 섞어 종이에 찍으며 삼원색이 여러 가지 색을 탄생시키는 원리도 자연스럽게 익히게 된다.

간단한 방법으로 아이와 함께 손바닥 찍기 놀이를 해보고 해마다 손바닥 그림을 그려본다면 특별한 성장 기록이 남을 것이다.

화가처럼 끼적이기

아이를 위한 이젤

내 아이가 자라는 동안 특별하게 경험한 것이 있다면 늘 엄마가 그림 그리는 모습을 보았다는 것이다. 돌 전까지는 엄마의 작업실에 놓인 바운서에 누워서 연신 붓을 움직이는 엄마와 완성되어가는 그림을 봤다. 게다가 엄마가 출산 이틀 전까지 작업을 했으니 아이에게 '붓질'은 아무래도 친근할 수밖에 없을 것이다.

아이가 걷기 시작하고 끼적임이 가능해진 19개월 무렵 처음으로 아이를 엄마의 이젤 앞에 앉혔다. 그리고 엄마의 붓을 쥐여줬다. 화판에는 하얀 종이 대신 그림 포스터를 붙였다. 멋진 그림을 완성하는 기분으로 화가처럼 그려보길 바라는 마음에 실제 화가의 그림 위에 붓질을 하게 했다. 아이가 붓질에 친근감이 있을 거라고 막연히 생각은 했지만 너무나 행복해하는 아이 모습에 나도 놀랐다. 딱히 발달이 빠르다고 생각하시 않았던 아이가 가르쳐주지 않았는데도 능숙하게 물통에 붓을 씻고 물감을 섞는 모습도 신기했다. 역시 보고 자란 것은 어디 가지 않는구나 싶었다.

늘 엄마 그림에 손대지 말라고 타이르기만 하고 진작 이런 시간을 주지 못한 것이 미안해질 만큼 아이는 행복한 표정으로 붓질을 했다.

호안 미로^{Joan Miró}의 초기작 중에 이미 완성된 기성 풍경화 위에 키치적인 드로잉을 해놓은 작품이 있다. 미로의 일대기를 말할 때면 빼놓을 수 없는 의미 있는 작품이다.

눈으로 이미지를 보며 그리는 이상, 이미지는 드로잉에 영향을 주지 않을 수 없다. 아이가 꽃을 그릴 수 있는 나이는 아니지만 화가가 그린 아름다운 꽃 위에 물감을 칠하게 하면 화가의 그림을 관찰하고 느낄 수 있을 것이라 생각했다.

그렇게 제멋대로 완성된 드로잉이 엄마에게는 호안 미로의 작품처럼 특별하게 느껴진다. 아이가 크면 꼭 보여주고 싶은 아이의 첫 붓질은 그렇게 완성되었다.

하지만 붓으로 그리기에 흥미가 붙은 아이가 화가 엄마에게 마냥 좋은 것만은 아니었다. 작업실에서 붓을 만져본 이후 아이는 틈만 나면 작업실로 들어와 이젤로 달려들었다. 완성에 가까워진 그림에 붓으로 낙서한 일도 한두 번이 아니었다. 매번 아이의 미술 놀이를 위해 물감과 화판을 바꿔주는 것도 번거로워지기 시작했다. 무엇보다 엄마의 그림 위에 낙서를 해서 몇 차례 야단을 맞은 경험도 있었기 때문에 아이도 편하게 놀이를 하지 못할 것 같아서 아이 전용 이젤을 만들어주기로 했다.

소형 나무 이젤을 구입해 화판을 올리고 나머지 재료를 정리해줄 방법을 찾아보았다. 나야 붓에 물을 적시고 안료를 찍어 접시에 풀고 종이에 칠할 수 있지만 두 돌배기 아이에게는 딱히 효율적인 방법이 아닐 듯했다.

그래서 생각해낸 것이 페트병으로 만든 아이용 물감통이다. 만드는 방법은 간단하다. 페트병의 입구와 아랫부분을 자르고 아랫부분에 입구 부분을 뒤집어 꽂는 것이다. 모서리에 다칠 수도 있으니 자른 면에는 마스킹 테이프를 둘러준다. 물에 푼 물감을 페트병에 넣고 입구를 뒤집어 끼운 뒤 붓을 꽂으면 물감이 튀거나 쏟아지는 것도 방지하고 아이도 바로바로 붓에 물감을 찍어 그림을 그릴 수 있다.

그다음에는 재활용 상자를 연결해 이젤에 붙일 트레이를 만들었다. 페트병이 들어갈 만한 상자 네 개를 연결하고 고리를 달아 이젤에 부착하면 보다 간편하게 그림을 그릴 수 있다.

물론 상자는 모두 재활용품이다.

아이와의 미술 놀이에 재활용품을 쓰는 이유는 쉽게 버리는 상자나 페트병들이 사실 버려질 만한 물건들이 아니기 때문이다. 현재 나는 화가로 활동하며 리빙과 패션 관련 아티스트 부티크 브랜드를 운영하고 있다. 제품을 만들어본 사람이라면 포장 용기나 상자가 제작비에서 얼마나 큰 비중을 차지하는지 잘 알 것이다. 심지어 제품의 특성에 따라 상자 원가가 내용물 원가를 웃도는 경우까지 있다. 버려지기에는 기능이 남아 있고 품질이 좋은 상자들과 용기들은 충분히 오래 사용할 수 있는 기성품들이다.

게다가 미술 활동을 할 때마다 새로 재료를 사는 것은 엄마를 피곤하게 하고 비용적인 부담도 적지 않다. 그렇기에 버려지는 종이, 페트병, 유리병, 우유곽, 휴지심, 잡지, 신문지 등등 모든 사물들을 놀이 도구로 활용하는 것이 좋다.

내 경우에는 무엇을 버리기 전에 '이걸로 아이와 무슨 놀이를 할 수 있을까'를 고민한다. 사실 대부분의 버려지는 사물들이 미술 놀이용품으로 재활용이 가능하다. 그래서 나는 장난감 상자, 재료 꽂이, 물통 등 아이의 수많은 놀이 도구들을 재활용품으로 만든다. 재활용품들은 막 사용하고 버리기도 좋다. 또한 시중에 판매되는 '공주님 그리기 세트'처럼 설명서에 따라 완성하는 유아용 미술 놀이 제품보다 '엄마표' 재활용품이 더 창의적인 활동 도구가 될 수 있다.

이젤 앞에서 미술 놀이를 할 때면 화판에 흰 종이나 명화의 이미지를 붙여주곤 한다. 이때 주로 고흐나 모네의 작품을 프린트한다. 고흐나 모네의 작품은 작가 특유의 마티에르^{matière}를 느끼기에 좋다. 터치의 볼륨감이 고스란히 살아 있는 이미지들은 그 터치를 관찰하며 물감을 칠하기에 너무나 좋은 화면들이다. 나는 고흐의 꿈틀대는 터치, 모네의 몽환적인 터치 위에 아이가 붓질을 하면서 그 '터치'의 이미지를 전달받기를 바랐다.

그렇게 명화 이미지나 흰 종이 또는 전시 포스터 등 다양한 배경을 붙여주던 어느 날 아이의 무심한 붓질이 '뭔가 알고 있는' 듯한 특별한 느낌을 주었다. 그래서 아이의 그림 위에 드로잉을 해서 엄마와 함께한 작품을 만들어보았다. 이러한 활동

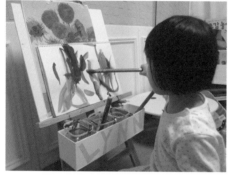

은 인터넷에서도 본 적이 있었다. 아이의 낙서를 멋진 작품으로 만드는 해외 모녀의 활동 영상을 우연히 보고 나서 '나도 한번 해봐야겠다'라고 생각했는데, 마침 아이가 붓질을 하다 남긴 흔적이 드로잉으로 완성하기에 좋은 이미지였다.

무작위로 칠해진 빨간 붓의 흔적에 줄기와 잎사귀를 달았다.

아이의 끼적임은 곧 흐드러진 붉은 꽃으로 변해갔다.

이것은 당장 아이의 반응을 끌어내기보다는 나중에 아이에게 엄마와 함께한 추억으로 남을 듯해서 좋았던 활동이다. 잘 그리지 않아도 좋다. 아주 어린 시절의 스케치북에서 엄마와 자신의 손길이 함께 담긴 그림을 본다면 엄마와 나눴던 그 순간의 온기가 아스라이 전해질 것이다.

아이의 이젤은 엄마가 보여주고 싶은 명화 이미지를 보여줄 수도 있고 아이가 자유롭게 그림을 그릴 수도 있는 다재다능한 미술 놀이터다.

춤추는 물감

유리병 물감 놀이

주방을 정리하다 보니 모양이 다른 작은 유리병들이 여럿 나왔다. 버리기 아까워서 보관한 것도 있고 오다가다 예뻐서 샀던 것도 있었다. 한곳에 모인 가지각색의 유리병들을 보다가 한 가지 미술 놀이를 떠올리게 되었다.

여느 아이들처럼 린이도 물을 참 좋아했다. 일어서기 시작하면서부터 물감 투성이인 엄마의 작업실 물통에 손을 집어넣어 엄마를 놀라게 한 것이 한두 번이 아니었다. 컵으로 물을 마시는 월령 20개월인 요즘도 종종 물을 바닥에 쏟아보거나 컵에 손을 집어넣기도 하며 물의 성질을 즐기곤 한다.

문득 물감이 번져나가는 모습을 표현한 작품이 머리를 스쳤다. 현대미술 권현진 작가가 춤을 추듯 물에서 뻗어나가는 색상을 영상으로 표현한 작품이었다. 물에 번져나가는 안료는 형

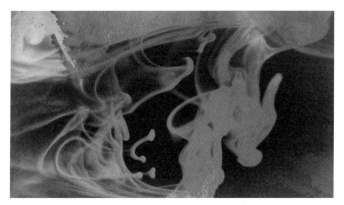

권현진, 〈비주얼 포에트리 – 싱글 채널〉, still3, 2012

형색색의 연기를 물에 가두어놓은 것처럼 아름답다. 그 아름다움을 관찰하는 활동은 분명 괜찮은 미술 놀이가 될 것이다.

아이를 식탁에 앉히고 네 개의 병에 물을 담아 올려놓았다. 그리고 선명한 색의 물감을 진하게 풀고 붓에 묻힌 다음 병에 한 방울씩 천천히 떨어뜨렸다. 스포이트가 있다면 스포이트로 떨어뜨리는 것도 좋다. 스포이트 역시 새로 사기보다는 화장품 용기 중에 스포이트가 달린 에센스 병을 활용하면 좋다. 약국에서 아이의 물약을 담아주는 약병도 한두 방울씩 물감을 떨어뜨리기에 좋은 도구다.

여러 도구를 활용해서 물감을 떨어뜨리면 물방울이 가느다란 혈관처럼 물속으로 뻗어나가 아름다운 형상을 만들어낸다.

물감이 번져나가는 병을 아이에게 보여주니 신기한 듯 빤히 바라보다가 자기도 해보고 싶은지 엄마 손에 있는 붓을 잡아당겼다. 직접 붓을 만져보고 싶고, 물에 담가보고 싶은 아이의 마음이 전해졌다. 물감이 번지는 모습을 지켜보는 아이는 여느 때보다 적극적이었다. 이맘때의 아이는 어느 정도의 감정을 표현할 만큼 발달했기에 대상을 인식하는 범위도 이전보다는 디테일해졌음을 아이의 행위에서 느낄 수 있었다.

물감이나 잉크의 번짐을 관찰하는 것은 물의 속성에 대해 접근하기에도 좋은 놀이다. 게다가 번거롭지도 않다. 물감보다는 검은 잉크를 사용하는 것이 더욱 아름다운 번짐을 관찰하기에 좋다.

그밖에 유리병으로 여기저기 물을 따라보는 놀이도 할 수 있다. 컵에 담긴 물을 바닥에 쏟으며 즐거워하던 아이를 위해 생각해낸 놀이였다. 아이들은 엄마 배 속에 있을 때를 기억하는지 유독 물을 좋아한다. 따라서 물을 활용한 놀이는 0~3세 아이의 촉각과 시각을 만족시켜준다.

시각적인 즐거움을 위해 물에 약간의 색을 넣은 다음 물감을 떨어뜨려서 번지는 모습을 보여주었다. 물감의 번짐은 아름답긴 하지만 너무나 순식간에 끝나버린다. 그런 아쉬운 찰나를 스케치북에 포획해둘 수 있는 미술 활동이 수성 사인펜 드로잉이다.

아이는 "미술 놀이 하자!"라는 엄마 말에 쪼르르 다가와 옆에 앉더니, 기대감이 가득한 눈을 반짝인다. 평소처럼 스케치북과 재료들을 펼쳐놓았다. 이번에는 스케치북에서 색이 번지는 현상을 보여주고 싶었다. 수성 사인펜이 물에 번지는 속성을 아이에게 보여주면 평소와는 다른 즐거움을 선물할 수 있을 것 같았다.

우선 검은색과 파란색 수성 사인펜을 준비하고 아이가 사인펜으로 자유롭게 끼적이게 두었다. 아이는 반은 스케치북에, 반은 테이블과 손에 끼적였다. 아이는 '무엇'을 그리고자 하는 것이 아니라 재료의 물성과 행위에서 즐거움을 찾는 것이다. 그렇기에 3세 이전의 아이가 끼적일 때 "이게 뭐야?"라고 묻는 것은 어울리지 않는 질문이다. 아이의 끼적임을 보고 머리를 쓰다듬어주며 끼적이는 행위에 즐거움을 느끼게 도와주었다.

어느 정도 스케치북이 선으로 채워진 다음에는 아이에게 붓을 쥐여줬다. 그리고 내가 먼저 물통에서 물을 찍어 드로잉 위

에 붓질하는 모습을 보여
주었다. 아이는 붓이 지나
가는 흔적대로 사인펜이
번져가는 모습을 보고는
엄마 손에 있던 붓을 잡아
당겨 스케치북에 붓질을
하기 시작했다. 붓질을 좋
아하는 아이는 스케치북에
물을 칠하면서 자신이 사인펜으로 그린 그림이 물의 흔적에
반응하는 것을 즐겁게 지켜보았고 때로는 젖은 표면에 사인펜
을 콕콕 찍으면서 잉크가 번져나가는 모습을 보기도 했다.

수성 사인펜을 활용한 그리기는 간단한 준비로 아이에게 색
다른 즐거움을 선물할 수 있는 놀이다.

점으로 그리는 그림

스티커 놀이

어린 시절 부모님께서 고가의 유아용 교재를 구입하신 적이 있었다. 아이의 발달에 따라 한 권씩 차례로 풀어나가는 얇은 책자 세트였던 걸로 기억한다. 그 책자 뒤편에 스티커를 붙이는 페이지가 있었다. 스티커 페이지에서 스티커를 떼어내 정해진 자리에 붙이는 놀이 활동 페이지였다.

부모님이 계시지 않는 틈을 타서 나는 단숨에 전권의 스티커를 마구 붙여버렸다. 교재 박스를 털어 모든 책에 스티커를 붙여버린 것을 보시고 부모님은 몹시 화를 내셨다. 한 권씩 차근차근 풀어야지 스티커만 모두 붙여버리면 어떡하느냐고 야단치시던 목소리가 지금도 생생하다. 그 목소리만큼 생생하게 기억나는 것은 스티커 붙이기가 정말 재미있었다는 느낌이다. 스티커 붙이기는 정말로 재미있는 유년기의 놀이였다. 그렇다.

아이들은 스티커를 정말로 좋아한다.

아이 손에 제법 힘이 생길 무렵 스티커 붙이기를 시작했다. 이맘때 아동용 가위로 색종이를 자르는 활동도 함께 준비했다. 아이에게 가위질이 위험하다고 생각할 수도 있지만 엄마가 옆에서 잘 지도해준다면 아동용 가위로 색종이를 자르는 활동은 그리 위험하지 않다.

가위에 손가락을 넣는 것도 낯설어하던 아이가 손을 웅크려서 색종이를 자르려고 했다. 아이의 손등에 내 손을 얹고 색종이를 자르도록 도왔다. 잘린 종이는 스케치북에 풀이나 스티커로 붙였다. 반짝이는 스티커가 예쁘다고 생각했는지 아이는 별 모양의 스티커를 손이나 머리에 붙이고 거울을 보며 즐거워했다.

어떤 형태를 만드는 것이 아니더라도 오리기와 붙이기는 그

행위만으로 아이에게 즐거움을 준다. 게다가 섬세한 활동이기 때문에 아이의 소근육 발달에도 많은 도움이 된다. 종종 엄마의 지도에 따라 아동용 가위로 오리기와 붙이기 활동을 한다면 그리기와는 다른 즐거움을 느끼게 된다.

아이가 스티커 붙이기를 재미있어하기에 명화를 활용해 더욱 발전된 스티커 놀이를 해보기로 했다. 이때 생각난 작가가 쇠라였다.

볕이 좋은 날 아장아장 걸음마를 시작하는 아이와 아파트 단지 나무 그늘을 따라 짧은 산책을 할 때면, 작고 동그란 아이의 정수리와 뒤뚱거리는 발걸음이 너무 귀여워 웃음이 걸리곤 했다.

조르주 쇠라Georges Seurat의 작품 〈그랑드자트 섬의 일요일 오후Un Dimanche après-midi à l'Île de la Grande Jatte〉에는 주황색 양산을 든 엄마와 흰 원피스를 입은 여자아이가 등장한다. 100년도 더 지난 시대의 풍경이라 복장은 지금과 다르지만 아이와 엄마의 산책에서는 변함없는 여유와 따스함이 전해진다.

센 강에 위치한 그랑드자트 섬은 당시 파리 시민들이 여가를 즐기는 명소였다고 한다. 그래서인지 그림 속에도 여가를 즐기는 사람이 많아 보인다.

조르주 쇠라, 〈그랑드자트 섬의 일요일 오후〉, 캔버스에 유채, 207.5×308cm, 1884~1886

　다른 등장인물들을 좀 더 살펴보자. 그늘에서 쉬는 사람도 있고 저 멀리서 뱃놀이하는 사람도 보인다. 강아지도 잔디에서 뛰놀고 있어서 제목처럼 자연과 어우러진 휴일의 낭만과 여유가 느껴지는 그림이다. 그런데 자세히 보면 그림의 기법이 조금 특별하다. 붓으로 그렸다기보다는 스프레이를 뿌린 것 같기도 하고 인쇄된 이미지 같기도 하다. 좀 더 자세히 들여다보면 이 작품이 작은 점들로 완성되었음을 알아차리게 된다.

　〈그랑드자트 섬의 일요일 오후〉는 점으로 완성된 점묘주의 작품이다. 조르주 쇠라는 당시 성행한 인상주의 화가들의 기법을 그리 좋아하지 않았다. 즉흥적이고 흐트러진 형태를 탐

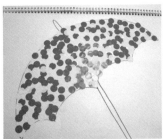

탁지 않아 했던 쇠라는 엄격하게 자신의 기법을 연구하고 발전시켰다.

그는 팔레트에 색을 섞어 면을 칠하는 방식이 아닌, 점을 찍는 방식으로 작품을 완성했다. 그림에 나오는 엄마의 주황색 양산을 가까이서 보면 사실 주황색으로 칠한 것이 아닌, 노란 점과 빨간 점을 연달아 찍어 주황색으로 보이게 만든 것이다. 멀리서 보면 우리 눈에는 빨강과 노랑이 섞여 주황으로 보인다. 이렇게 쇠라는 순색을 수없이 찍는 독특한 방식으로 과학적인 체계가 돋보이는 작품을 완성했다.

쇠라의 작품은 색의 병치혼합[10]을 설명하기에 너무나 좋다. 아이에게 쇠라의 병치혼합을 어떻게 설명해주면 좋을까 하다가 쇠라의 그림에 나오는 주황색 우산을 아이와 완성해보기로 했다.

먼저 켄트지에 우산 모양을 그리고 동그란 모양의 빨간색과 노란색 스티커를 준비한 다음 아이와 함께 우산 모양에 붙여보았다. 두 가지 색의 스티커를 골고루 붙여주는 것이 좋고 스티커가 작을수록 더욱 효과적인 색의 변화를 느낄 수 있다. 우산이 채워지면 멀리서 또 가까이에서 우산을 보며 빨간색과 노란색의 스티커가 뒤섞여 주황빛으로 보이는 것을 관찰한다.

아이는 스티커 붙이기를 좋아했기에 즐거운 놀이가 되었다. 또한 쇠라 그림을 먼저 보여주고 나서 쇠라의 작품 속 이미지를 따라 해본 것도 의미가 있었다. 아이는 엄마와의 미술 놀이를 통해 쇠라의 병치혼합을 더 자연스럽게 이해하게 되지 않았을까.

폴록처럼 물감 떨어뜨리기

액션 페인팅

미국 추상표현주의 화가 잭슨 폴록^{Jackson Pollock}은 당대 미술의 패러다임을 바꾼 대표적인 아티스트다. 그를 일약 스타로 만든 '액션 페인팅'은 캔버스를 바닥에 펼쳐놓고 그 위에 자유롭게 물감을 뿌리는 작업 방식이다. 이 파격적인 방식은 우연한 효과들을 캔버스에 밀도 있게 쌓아 올리며 폴록만의 명작을 탄생시켰다.

잭슨 폴록의 액션 페인팅은 아이와 함께하기에도 즐거운 활동이다. 물감을 떨어뜨리고 찍으며 아이들만의 액션 페인팅을 해보는 것은 색과 친숙해지는 방법이기도 하다.

우선 접시에 몇 가지 색의 물감을 풀고 몇 자루의 붓을 준비한다. 바닥에는 전지 사이즈의 흰 도화지를 깔되, 바닥이 지저분해질 수도 있으므로 밑에 신문지나 비닐을 까는 것이 좋다.

그다음 붓에 물감을 묻혀 천천히 한두 방울씩 떨어뜨린다. 붓을 털어내는 느낌으로 흔들며 더욱 생동감 있는 흔적을 만들어도 좋다.

린이는 몸에 물감이 묻는 것을 어색해하는 편이지만 색색의 물감이 떨어지는 모습이 재밌는지 종종 웃음을 보였다. 엄마와 자연스럽게 바닥에 물감을 흩뿌리는 행위는 신체 활동이 가미된 자유분방한 미술 놀이다.

가장 특별한 옷

프린팅 티셔츠

걸음마를 막 시작하는 아이는 한 걸음 한 걸음 발을 떼는 것만으로 부모나 조부모에게 칭찬과 사랑을 받는다. 이 시기에 아이를 칭찬해주지 않고 그것밖에 못 하느냐고 윽박을 지르면 아이는 제대로 걷지 못할 수도 있다고 한다. 칭찬은 고래도 춤추게 한다는 명언처럼 말하지 못하고 이해하지 못하는 어린아이도 칭찬이 주는 긍정 에너지만큼은 충분히 인지하는 것이다.

린이는 칭찬받는 것을 유독 좋아한다. 생후 17개월이 지나고 엄마 아빠 같은 쉬운 단어를 말하기 시작할 무렵부터 아이는 단어를 말하고 칭찬받는 것을 무척 기뻐했다. 23개월인 요즘에도 동화책을 들고 와서 어려운 단어의 이미지를 손으로 가리키며 여봐란 듯이 말을 한다. 서툰 발음으로 사물을 정확히 말하는 것이 신기하고 기특해서 칭찬을 해주면 발을 동동 구르며 박수를 친다. 자신이 아는 것, 행동하는 것 등을 자랑하고 싶어 할 때마다 충분히 격려해주면 아이의 자존감도 자연스레 높아진다.

그렇다면 아이가 미술 놀이도 자랑스러워할 수 있도록 자연스럽게 격려해주고 지도해주는 것은 어떨까. 아이의 그림으로 나비를 만들어 붙이는 등의 활동을 하기는 하지만 더욱 적극적으로 아이의 흔적에 용기를 실어주고 싶었다.

아이의 끼적임을 담은 옷을 입혀주면 어떨까 하는 생각에 그날 바로 인터넷으로 아무 무늬가 없는 맨투맨 티셔츠를 주문했다. 티셔츠가 도착하자 얇은 마스킹 테이프로 'LYNN'이라는 글자를 잘라 붙였다. 그리고 굵은 마스킹 테이프로 이름 옆에 사각 테두리를 만들었다.

이제 사각형 안을 아이와의 끼적임으로 채우면 된다. 여느 때처럼 아이를 앉히고 채색을 준비했다. 다른 점이 있다면 템페라나 수채화 물감이 아닌 염색용 물감을 쓰는 것이었다. 염색 물감은 대형 문구점에서 쉽게 구할 수 있다.

붓이 사각형 밖으로 삐져 나가지 않도록 지도하며 아이와 티셔츠에 붓질을 시작했다. 사각형 안쪽을 거의 채색했을 무렵 티셔츠를 통풍이 잘되는 곳으로 옮겨 건조시켰다. 그리고 나서 아이와 함께 천천히 마스킹 테이프를 떼어냈다.

테이프를 떼어내자 사각형 안에 '린'이라는 이름이 선명하게 새겨져 있었다. 아이가 붓질로 만든 티셔츠를 빨아 외출할 때 입혀주었다.

"린아, 이것 봐. 이거 린이가 그린 거지? 린이가 그림을 너무 예쁘게 잘 그려서 엄마가 티셔츠로 만들었어."

아이가 내 말을 알아듣는지는 모르겠다. 하지만 현관을 나서기 전에 고개를 숙이고 자신이 만든 티셔츠의 무늬를 빤히 바라보았다.

자신의 손길이 들어간 옷을 입고 자신감 가득한 하루를 보내기를, 그만큼 충만한 마음을 채워 오기를. 아이의 뒷모습에 무럭무럭 자존감이 자라나길 바라는 엄마의 바람을 실어 보냈다.

쌍둥이 그림

데칼코마니

데칼코마니는 추상적이고 아름다운 물감의 향연을 보여주는 아주 간단한 미술 활동이다. 데칼코마니라고 하면 대학원 시절 5세 아이들을 대상으로 미술을 가르쳤던 경험이 떠오른다. 수업 첫날, 아이의 발달 상태에 대해 아무것도 몰랐던 나는 멋모르고 5세 아이들에게 덜컥 물감을 쥐여주었다. 결국 데칼코마니다운 데칼코마니도 하지 못한 채 물감 범벅이 되어버린 아이들은 10분도 지나지 않아 신나게 뛰어놀기 시작했다. 다시 생각해도 아찔한 기억이다.

아이와의 미술 놀이에는 엄마의 지도가 필요한 활동들이 있다. 어린아이들의 경우에는 재료를 먹거나 쏟는 등의 위험이 있기 때문에 특히 엄마의 주의가 필요하다. 데칼코마니의 경우 아이들에게 직접 물감을 쥐여주면 한 번에 물감을 모두 짜버리는 경우가 생기기 때문에 아이와 함께 손을 잡고 물감을 짜며 형태를 만드는 것이 좋다.

먼저 흰 도화지를 네다섯 장 준비해서 반으로 접은 다음 한쪽 면에만 물감을 짠다. 이때 형태보다는 색감에 신경을 쓰면 더욱 아름다운 이미지를 얻을 수 있다. 물감을 이용한 데칼코마니는 물감이 뭉개지기 때문에 나비 정도 외에는 또렷한 형태를 얻기가 힘들다. 따라서 어울리는 색들이나 보색을 활용하여 아름다운 색의 어우러짐에 무게를 두는 편이 좋다.

네 장의 도화지를 접어놓고 대략 어떻게 물감을 짜 넣을지 고민했다. 한 장에는 푸른색 계열, 또 한 장에는 붉은색 계열, 나머지 두 장에는 여러 색을 자유롭게 짜 넣기로 했다. 푸른색과 붉은색은 아이가 확인할 수 있도록 나비의 형태를 만들었다.

아이의 손에 물감을 쥐여주고 한쪽 면에 물감을 짰다. 아이가 만지려고 하는 바람에 물감이 번지기는 했지만 접었다 펼친 도화지에는 아름다운 나비가 날개를 펄럭이고 있었다. "이게 뭐야?"라는 엄마의 질문에 아이는 바로 "나비!"라고 자신 있게 대답했다.

난색 계열의 나비를 만든 후에 한색 계열의 나비를 만들었다. 판이하게 다른 계열이지만 서로의 색이 조화롭게 혼합되는 모습이 아이의 미감 발달에 도움이 되길 바랐다.

두 가지 나비 데칼코마니를 완성한 다음에는 좀 더 자유로운 미술 활동을 해보기로 했다. 형태에 구애받지 않고 여기저기에 물감을 짰다. 이번에는 아이가 좀 더 능동적으로 물감을 가지고 놀게 했다.

지나치게 많이 짜면 여백이 없어지고 예쁜 형태가 나오기 어렵기 때문에 어느 정도 물감을 짜고 나서 멈추는 것이 좋다. 종이를 반으로 접으며 아이와 함께 숫자를 셌다. "하나, 둘, 셋……." 아이도 즐겁게 따라 했다.

이번에는 아이가 뭐라고 대답할 수 없는 추상적인 형태가 만들어졌다. 다음에도 그랬다. 뭔가 더욱 특별한 것을 완성하고 싶다는 생각이 들었다. 그래서 두 시간 정도 종이를 말린 다음 데칼코마니 위에 드로잉을 했다. 연상되는 이미지로 드로잉을 넣었더니 물감의 흔적은 새로운 형태로 태어났다.

완성된 데칼코마니 작품들을 보고 아이는 연상되는 단어를 말했다. 사실 작품으로 아이에게 단어를 가르치고 싶다는 바람보다는 물감의 흔적에서 드러나는 즉흥적이고 회화적인 맛이 아이에게 아름다움으로 전해졌으면 하는 마음이 컸다.

데칼코마니 놀이는 자연스럽게 색채와 현상의 아름다움, 재료의 물성을 보여줄 수 있는 간단하고 다채로운 미술 활동이다.

아이를 위한 미술 공간 만들기

뭐든 끼적이기를 좋아하는 나이를 맞은 린이는 도구가 손에 잡히는 대로 손과 팔을 적극적으로 움직이며 흔적을 만든다. 벽, 바닥, 가구, 심지어 엄마의 그림에까지 흔적을 남기는 아이를 늘 따라다니며 야단칠 수만은 없었다.

가급적 아이가 자유롭게 그림을 그릴 수 있는 환경을 만들어주는 것도 중요한 미술 활동의 일부다. 아이에게 그림을 그릴 넓은 공간을 주고 싶어서 한쪽 벽면에 전지를 붙이고 재료를 구비했다. 잠시 망설이는 아이에게 엄마가 먼저 시범을 보여주고 크레파스를 쥐어주니 아이는 곧 큰 동작으로 뭔가를 끼적이기 시작했다. 그렇게 아이에게 늘 그림을 그릴 수 있는 공간을 인식시켜주었다.

전지에 크레파스가 아니더라도 가루가 날리지 않는 물백묵과 칠판을 활용하는 것도 좋은 방법이다. 아이의 낙서를 종종 지우고 관리만 해주면 아이는 얼마든지 끼적임을 즐길 수 있다.

언제든 아이가 마음 내키는 대로 그림을 그리게 하려면 늘 준비된 공간이 필요하다. 넓은 공간이 아니더라도 늘 종이와 재료가 준비되어 있다면 아이와의 미술 활동은 자연스럽고 일상적인 활동이 될 수 있을 것이다.

스스로 정리하는 아이로 키우기

음식을 좋아하는 린이는 음식 모양의 장난감에 큰 흥미를 보이곤 한다. 장난감을 만지작거리며 이름을 맞히거나 먹는 흉내를 내며 한동안 깔깔 웃기도 한다. 하지만 놀이를 하다 보면 뒷정리가 문제였다. 거실에 쏟아진 장난감들은 소파 밑이나 주방으로까지 굴러가 사라질 때도 많았다. 게다가 이 장난감들을 통에 주워 담는 것은 항상 어른들의 일이었다. 자연스럽게 아이와 장난감을 정리하는 방법이 없을까 생각하다 음식 먹는 토끼 박스를 만들어주기로 했다.

우선 장난감이 담길 만한 적당한 박스를 구했다. 그리고 흰색, 에메랄드 색, 검은색 시트지를 준비했다. 전체적으로 흰 시트지를 박스에 깨끗하게 붙인 후 토끼 모양으로 오린 에메랄드 색의 시트지를 붙였다. 이때 시트지가 울거나 서로 엉기지 않도록 주의해야 깔끔하고 예쁘게 박스를 완성할 수 있다.

토끼 모양을 붙인 박스에 입을 표시하고 칼과 가위로 구멍을 뚫었다. 마지막으로 검은색 시트지로 눈과 코를

붙이고 두꺼운 종이로 앙증맞은 토끼 이빨도 붙여주었다. 입을 벌리고 먹을 것을 기다리는 토끼 박스가 그렇게 완성되었다.

"린아, 토끼가 배고프대. 우리 토끼한테 음식 줄까?"라고 놀이를 유도하며 장난감을 아이 손에 쥐여주었다. 아이는 "토끼 앙!" 하며 장난감을 토끼 입에 하나씩 넣어주었다. 그렇게 뒷정리임을 의식하지 못할 만큼 재미있고 자연스럽게 정리를 하며 놀이를 마칠 수 있었다.

정리는 놀이 자체만큼 중요하다. 장난감 놀이든 미술 놀이든 기본적으로 놀이에는 재료가 필요하다. 다양한 재료를 준비하고 여기저기 분산시켜놓으면 엄마의 육아 피로가 가중된다.

그렇기에 가급적 장난감이나 미술 놀이 도구는 한 상자에 넣어 보관하는 것이 좋다. 클레이, 크레파스, 공작용 가위, 색종이와 스케치북을 비롯한 각종 종이, 사인펜, 형광펜 등을 한 상자에 보관해두면 뚜껑을 열자마자 바로 미술 활동을 시작할 수 있다.

아이의 월령이 20개월이 넘었다면 엄마와 함께 물건을 정리하는 법을 배우는 것이 좋다.

토끼 박스 등을 활용해 아이가 낯설어하고 재미없어하는 정리를 하나의 놀이로 만들어보자. 그러면 자연스럽게 놀이를 하며 정리 정돈을 배울 수 있을 것이다.

Chapter 4

무슨 생각해?
엄마는 너의 마음이 궁금해

| 24~36개월, 교감 미술 |

세상에 하나뿐인 이야기

엄마가 만든 동화

아이가 부쩍 말이 늘기 시작했다. "토끼"나 "멍멍" 정도를 말하던 아이가 갑자기 "앵무새", "공작", "이구아나" 등 다양한 동물의 이름을 말하기에 놀랍고 기특해 머리를 쓰다듬어주었다. 동화책을 보면서도 부쩍 동물들의 모습에 신경을 쓰는 아이의 모습이 마냥 사랑스러웠다. 이런저런 동물들의 이야기를 들려주다가 아이를 위한 작은 동화책을 만들어주면 의미 있고 좋은 추억이 되리라는 생각이 들었다.

아직 나이는 어려도 엄마가 들려주고 싶은 메시지들을 엄마의 동화에 녹여 읽어준다면 아이에게 엄마의 마음이 자연스레 스며들지 않을까. 그림책이 아이에게 미치는 긍정적인 영향은 이미 다양한 사례를 통해 입증되었기에 그림책에 따뜻함까지 불어넣어준다면 아이에게는 더할 나위 없이 유일한 선물이 될

듯했다. 그래서 일을 하는 틈틈이 엄마의 마음이 담긴 간단한 스토리들을 떠올려 보았다.

첫 번째로 만든 동화는 거북이와 갈매기의 이야기였다. 바다에 사는 거북이와 하늘에 사는 갈매기는 서로의 모습을 부러워하다가 마침내 친구가 되어 하늘과 바다의 이야기를 서로 들려주며 행복해한다는 내용이다. 다른 사람을 통해 세상을 넓게 보고 서로를 아끼길 바라는 엄마의 마음이 담긴 간단한 이야기다.

스토리를 만든 다음에는 관련된 드로잉으로 페이지를 구성해 보았다. 페이지마다 들어갈 그림과 문장들을 구상했더니 10페이지 정도가 나왔다. 그러고는 도화지 몇 장을 준비해 엄마가 읽어주기 적당한 사이즈로 잘랐다. 도화지마다 스케치대로 그림과 글을 담고 표지도 만들었다. 완성된 페이지는 펼치기 쉽도록 한 장씩 마스킹 테이프로 연결했다. 세상에 하나뿐인 첫 엄마표 동화책이 완성되었다.

두 번째로 만든 동화는 클로버를 키우는 토끼 이야기다. 토끼는 흔하디흔한 세 잎 클로버보다는 행운을 가져다주는 네 잎

클로버를 갖고 싶어 했다. 네 잎 클로버가 있으면 분명 행복해
질 거라고 생각했다. 토끼는 키우던 세 잎 클로버를 버리고 네
잎 클로버를 찾아 나섰다. 하지만 결국 구하지 못하고는 더 이
상 자신에게는 행운이 없을 거라고 생각했다. 이윽고 토끼는
다른 마을로 이사를 가게 되었다. 새로운 마을에는 온통 네 잎
클로버뿐이었고 그 마을의 토끼들은 세 잎 클로버가 행운을 가
져다준다고 믿었다. 많은 토끼들이 네 잎 클로버가 흐드러진
땅에서 세 잎 클로버를 찾고 있었다. 토끼는 그제야 자신이 키
우던 세 잎 클로버가 그리워졌고 행운을 기다리던 마음에서 자
유로워질 수 있었다.

　이 이야기는 늘 곁에 있는 익숙한 존재들의 소중함을 알려주
는 한편 대상은 바라보는 마음에 따라 가치가 결정된다는 것을

가르쳐주는 동화다.

동화책을 조금 특별하게 만들기 위해 이번에는 종이를 하트 모양으로 자르고 미리 구성해둔 대로 그림과 글을 넣었다. 그리고 하트의 왼쪽 끝을 테이프로 연결해 엄마의 두 번째 동화책을 완성했다. 화려하고 자극적인 동화책에 익숙해진 아이는 단순한 드로잉에 적극적인 반응을 보이지는 않았다. 하지만 토끼의 모습을 보고 단어를 말하기도 하며 엄마 무릎에서 조용히 이야기를 들었다. 아이가 조금 더 자라면 책의 내용에 대해 이야기해보며 더 깊이 교감할 수 있을 것 같았다.

시간이 있을 때마다 간단한 연필 스케치를 활용해서라도 엄마가 이야기를 만들어준다면 자연스럽고 따뜻하게 가치관을 전해줄 수 있다. 또한 엄마 품에서 엄마의 동화로 교감했던 순간은 정서적으로나 교육적으로 잊지 못할 추억이 될 것이다.

고흐의 그림은 특별해

명화 따라 그리기

명화를 모사하는 것은 미술 전공자들이 거치는 필수 코스다. 이를 통해 한 세기를 뒤흔든 명화의 힘을 조금이나마 실감해보는 동시에 명화가 명화인 이유를 이해하게 된다. 대가들의 터치를 하나하나 관찰하고 따라 그리다 보면 시간을 초월해 그 작가와 교감하는 듯한 묘한 친근감을 느끼기도 한다.

아이가 어리기는 해도 명화를 따라 그리는 것이 아주 불가능하지는 않을 것 같았다. 그래서 명화를 따라 그릴 시간을 마련해보았다.

우선 아이가 알아보기 쉽게 명화의 이미지를 단순한 스케치로 옮겼다. 아이가 잘 알아보도록 사인펜으로 굵직하게 주요 형태를 그리면 된다. 그다음 크레파스로 아이와 함께 명화의 기법을 따라 그림을 그리기 시작했다.

빈센트 반 고흐, 〈별이 빛나는 밤〉, 캔버스에 유채, 73.7×92.1cm, 1889

명화를 따라 그릴 때는 작가의 고유한 기법이 잘 드러나는 작품을 선택하는 것이 좋다. 고흐는 둥근 선으로 뚜렷하게 흔적을 남기는 기법으로 형태를 그렸기 때문에 그 터치의 흔적이 화면에 쉽게 드러났다. 그래서 처음 선택한 명화가 빈센트 반 고흐의 〈별이 빛나는 밤La Nuit Etoilée〉이었다. 고흐 특유의 에너지 넘치는 터치가 고스란히 담겨 있는 작품이기에 어설프더라도 따라 그려보면 명화의 기법을 의식적으로 관찰하게 되고 명작과 가까워질 기회가 되리라 믿었다.

도화지 사이즈로 출력된 고흐의 그림을 옆에 두고 스케치가 되어 있는 화면에 엄마와 함께 색을 칠했다. 아이가 원활하게 선을 쓸 수 있는 시기가 아니었기 때문에 고흐의 터치처럼 크레파스를 둥글게 움직이는 모습을 많이 보여주었다.

빈센트 반 고흐, 〈귀에 붕대를 감은 자화상〉,
캔버스에 유채, 65×54cm, 1889

"린아, 이렇게 둥글게 칠하면 이 그림처럼 생기 있게 그려지지?"라고 말을 걸며 아이와 함께 색을 채워나갔다. 손을 좌우로 움직이던 아이가 잘은 못하지만 엄마의 손동작을 흉내 내려는 시도를 하기도 했다.

고흐의 작품에 가깝게 그려지지는 않았지만 고흐의 터치를 관찰하며 따라 해본 엄마와의 첫 번째 명화 모사 작품이 완성되었다. 그 외에도 〈해바라기〉나 〈자화상〉 등 고흐의 다른 작품들도 좋다. 함께 모사한 시간만큼 아이가 고흐의 그림을 많이 보고 느꼈을 것이라 생각하면 그것만으로도 의미 있게 기억될 미술 놀이였다.

고래와 물고기와 바다 친구들

휴지로 찍는 판화

학창 시절 미술 시간에 누구나 한 번쯤은 해보았을 판화. 대부분 나무판이나 고무판에 조각도로 이미지를 만들고 물감을 롤러로 민 다음 이미지를 찍어내는 활동이 가장 먼저 떠오를 것이다. 아이가 아직 조각도를 쓰거나 형태를 그릴 수 있는 나이가 아니었기에 찍어내기 기법으로 형태를 확인할 수 있는 미술 활동이 무엇이 있을까 고민했다. 문득 초등학교 시절에 했던 휴지로 찍어내기 판화가 생각났다. 여러 모양을 오리고 붙이고 떼어내며 즐거워했던 기억이 선명한 데다 아기도 충분히 모양 찍기는 할 수 있을 것이라는 생각이 들었다.

　방법은 어렵지 않다. 바다 풍경, 숲속 풍경 같은 주제를 정하고 걸맞은 이미지들을 오려 도화지에 살짝 붙인다. 그러고는 휴지를 돌돌 말아 물감을 묻힌 다음 화면 가득 찍는다.

내가 선택한 주제는 바다 풍경이다. 아이가 한창 '고래', '상어', '물고기' 등의 단어를 말할 때였고 수족관의 물고기에도 적극적으로 반응하는 시기였기 때문에 아이가 관심을

가질 만한 주제를 택했다. 아이가 알고 있고 좋아하기 시작한 바다생물들을 하나씩 그리고 오려냈다. 고래, 상어 등 크고 작은 물고기들을 배치하니 화면이 수족관처럼 가득 찼다. 흰 화면에 흰 도화지로 오려낸 이미지를 붙였기 때문에 형태를 떼어낼 때의 느낌이 더욱 시원할 것 같았다. 이미지를 떼기 쉽도록 양면테이프는 아주 조금씩만 붙여주었다.

이미지를 모두 붙인 화면을 앞에 두고 아이와 휴지로 찍기를 시작했다. 말려 있는 휴지의 무늬가 동그랗게 화면에 퍼져나갔다. 여느 아이들이 그렇듯 린이도 종이 밖이나 손이나 옷에도 물감을 찍어보며 즐거워했다. 아이가 여기저기 물감을 찍고 낙서를 하는 것은 너무나 자연스러운 행동이므로 미술놀이를 하는 동안만이라도 엄마가 최대한 이해해주었으면 좋겠다.

집중력이 짧을 때이기 때문에 아이는 휴지를 찍다가 싫증을 내기도 했지만 엄마의 도움으로 끝까지 빈 공간을 채워나갔다. 그림을 30분 정도 말린 후 화면에 붙여두었던 형태를 린이와 하나씩 떼어보았다. 물속 같은 느낌을 주기 위해 푸른색 계열의 물감을 썼기 때문에 배경색은 물고기 이미지와 잘 어우러졌다. 예상대로 아이는 형태를 떼어낼 때마다 "고래", "물고기"라고 외치며 박수를 치고 반응을 보였다.

현재의 월령에서는 엄마의 도움이 많이 필요하지만 아이가 형태를 그리고 가위를 사용할 수 있을 정도로 자라면 다시 해볼 만한 활동이다.

당근은 어떻게 생겼지?

음식 그리기

또래보다 머리 하나는 더 큰 린이는 유독 잘 먹는 만큼 음식과 관련된 것들을 좋아한다. 좋아하는 음식을 말하는 것만으로도 웃음을 터뜨리고 음식을 먹을 때도 재료들을 유심히 관찰하곤 한다.

그래서 실제 재료를 놓고 그림을 그려보면 어떨까 하는 생각에 몇 가지 채소를 씻어서 손질했다. 오이, 당근, 토마토, 바나나 등 형태가 명확하고 평소 아이가 좋아하는 채소로 준비했다. 끼적이기 도구가 준비된 스케치북 앞에 채소와 과일을 놓고 하나씩 스케치북에 옮겨보았다.

아이가 형태를 쉽게 그리는 시기가 아니기 때문에 내가 함께 형태를 그리며 대상에 대한 설명을 덧붙였다. 그렇게 그림을 그리는 동안 아이가 알고 있는 채소나 과일의 특징을 함께 관찰했다. "린아, 당근이 어떻게 생겼지? 당근은 주황색에 기다란 형태를 가지고 있어. 만져보면 표면은 거칠거칠하고 딱딱하네. 볶음밥이나 카레에 당근이 들어 있지?" 혹은 "린이가 좋아하는 오이야. 오이는 기다랗게 생겼어. 만져보면 오돌토돌한 점이 있네? 오이를 먹으면 아삭아삭하고 시원하지? 아삭아삭 시원한 오이 맛을 한번 표현해볼까?"라고 하며 아이와 경험했던 음식에 대한 기억을 되짚어보기도 하고 음식에서만 봤던 채소의 실제 형태를 구체적으로 느껴보게도 했다. 아이는 자기가 좋아하는 오이에 큰 관심을 갖고 먹으려고 했다. 또한 스케치북에 옮겨진 과일과 채소의 특징을 보고 단어를 말하기도 했다. 엄마가 아이에게 말해준 특징들을 함께 스케치북에 옮겨보는 놀이 활동을 통해 아이는 자신이 좋아하는 음식을 더욱 자세히 관찰하며 친근하게 알아가게 된다.

일종의 '정물화 그리기'가 이른 활동처럼 느껴질 수도 있으나 아이는 자신이 좋아하는 과일과 채소를 손으로 눈으로 즐기며 미술 활동을 할 수 있다. 그러므로 평소 아이가 흥미를 보이고 좋아하는 것들을 관찰하고 아이디어를 낸다면 아이에게 더욱 즐거운 놀이로 다가갈 수 있다. 물론 이때 놀이가 아이의 발달 상황과 취향에 맞아야 아이에게도 즐겁고 질리지 않는 활동이 될 것이다.

변기도 작품이 될까?

레디 메이드

아마도 다음 페이지의 사진을 작품이라고 말한다면 우리 아이는 고개를 갸우뚱할 것이다. 아이가 조금만 더 컸다면 "이거 변기잖아요"라고 반문할지도 모르겠다. 분명 이 물체는 아이가 기능을 아는 기성 제품이고 예술가가 직접 제작한 것이 아니니까.

그렇다면 머릿속에서 이 물체의 역할을 한번 지워보면 어떨까. 변기라는 단어를 지우고 그저 세상에서 처음 만난 형태인 것처럼 낯설게 바라보는 것이다. 안정적으로 세워진 희고 둥글고 추상적인 형태에 사인이 되어 있는 것을 보면 '이건 조각 작품이구나!'라고 생각하게 되지 않을까? 마르셀 뒤샹Marcel Duchamp은 바로 그 점을 말하고 싶었을 것이다. 기성품도 전시장에 가져다놓으면 예술이 될 수 있다는 것. 그래서 뒤샹은 '레디 메이드Ready-made'의 창시자로 불린다.

마르셀 뒤샹, 〈샘〉, 혼합 재료,
63×48×35cm, 1917
ⓒ Association Marcel Duchamp /
ADAGP, Paris -SACK, Seoul 2017

　이 작품이 처음 전시되기까지의 과정은 물론 쉽지 않았다. 작품을 처음 발표했을 당시에는 전시에서 거절당했다. 지금껏 보아왔던 예술 범주에 넣기가 어려웠기 때문이다. 하지만 머지 않아 뒤샹의 천재적인 발상이 인정받게 되고 작품은 에디션까지 어마어마한 금액에 낙찰되었다.

　현재까지 뒤샹이 미친 영향은 굉장히 크다. 뒤샹의 작품으로 인해 전통적인 예술의 의미는 굉장히 넓어졌고 더불어 기존에는 '화가', '조각가' 정도로 규정되었던 작가들이 '미술가'로 확장되었다. 이제 꼭 그리거나 조각하지 않아도 자신의 발언을 위해 현실의 사물들을 끌어들여 다양하고 기발하게 표현할 수 있는 시대가 왔다. 그래서 뒤샹의 〈샘Fountain〉은 20세기의 가장

중요한 작품으로 기록될
수 있었다.

편견이란 참 무서운 것
이다. 너무 당연하다는 생
각이 창의성을 가로막기도
하니까. '이건 변기라서, 익
숙한 사물이라서, 직접 제
작한 것이 아니라서 전시장에 들어올 수 없어.' 이런 생각 말이
다. 그 생각을 활짝 열면 더 크고 다양한 세상이 펼쳐지는데도
보이지 않는 벽을 만들어 규정해버린다.

그래서 생각한 것이 아이와 함께하는 '레디 메이드' 놀이였
다. 집에 있는 조각 단상 위에 엉뚱한 사물들을 올려놓고 아이
에게 보여주었다. 가끔은 같은 사물을 뒤집어 보여주기도 하며
사물이 더 낯설게 보이는 경험을 하게 했다. 아이의 말랑말랑
한 상상력이 더욱 커지도록.

뒤집어진 컵, 장난감 오리, 공 등이 단상 위에 올라갔다. 묘
하게도 단상은 익숙한 사물에 시선을 집중시키며 새로운 시선
으로 보게 했다. 대상을 보는 아이에게도 익숙함이 새로움으로
다가가길 바랐다.

창의적인 생각을 할 때, 아이디어가 머릿속을 노크할 때 그

대상을 아주 낯설게 바라보는 것이 중요하다. 기존의 편견은 잠시 머릿속에서 지우고 새로운 아이디어를 낯설게 받아들이는 것이다. 창의적인 아이디어는 받아들일 준비가 되어 있는 사람에게서 비로소 꽃을 피운다. 용도가 지워진 사물을 보는 아이에게, 그 모습이 평소와는 다른 창의적인 느낌으로 다가갔으면 했다.

스케치북에 자연을 초대해

야외 스케치

미술 놀이를 통해 아이에게 알려주고 싶은 것들이 참으로 다양하다. 어린 시절 나는 잘 그려진 그림이 어떤 모습인지 알고는 있었지만 테크닉이 따라가지 못해 그림을 망치기 일쑤였다. 그래도 부단히 머릿속의 이미지를 따라가려 애쓰다 보니 시행착오는 점점 줄어들게 되었다. 작가로 활동하는 요즘은 머릿속에 떠오른 이미지와 실제 완성되는 작품이 거의 차이가 없다. 그림을 그리면서 시행착오를 통해 문제를 해결하는 방법을 배운 덕분이다.

나와 동시대를 살아가는 현대미술 작가들의 상상력은 특이하고 탁월하다. 그들에게는 내가 호흡하는 세상을 다시 보게 하는 능력이 있다. 무엇이든 재료가 되는 현대미술처럼 아이에게 미술 활동을 통해 세상의 모든 것을 재료이자 소재로 바꿀 수 있는 창의력을 가르쳐주고 싶다. 때로는 묵묵한 인내를, 때로는 무한한 자유를 안겨주는 것이 미술 활동이다. 그렇기에 미술 활동을 통해 아이가 배울 수 있는 감각의 경험은 무궁무진하다고 믿는다.

특히 야외 스케치는 아이의 자유로움과 창의력을 자극해주는 대표적인 미술 활동이다. 날씨 좋은 날 스케치북과 크레파스를 들고 집 밖으로 나갔다. 아파트 단지에 나무와 풀이 있다고는 해도 자연을 느끼기에는 부족하기에 인근 공원으로 나가 자리를 잡았다. 파란 하늘, 녹색 풀과 나무, 고동색 흙이 시야의 대부분을 차지하는 공간이었다.

야외 미술 활동의 큰 틀을 두 가지로 잡았다. 아직 구체적인 형태를 그리기 어려운 연령이기에 '자연의 색'을 표현하는 활동을 먼저 했다. 시야를 가득 메운 색을 자유롭게 담아보는 것이다. 푸른 공원의 풍경 안에서 아이는 엄마의 도움에 따라 자연의 색감을 스케치북에 시원하게 끼적였다. 봄바람과 햇살이 기분 좋았는지 아이는 실내에서 그림을 그릴 때보다 다양한 표현과 제스처로 신나는 감정을 표현했다.

두 번째는 '스케치북으로 초대하는 자연'이다. 공원 곳곳에서 발견되는 다양한 자연의 재료들을 스케치북 안으로 초대해보는 것이다. 나뭇잎, 나뭇가지, 흙, 자갈 등 자연에서 만난 모든 것들이 스케치북 안에 들어서면 작품이 된다. 마른 나뭇가지를 스케치북에 올린 다음 잎사귀 몇 개를 옆에 붙여보았다. "린아, 이거 뭐지?" 아이는 "나무"라고 명쾌하게 대답했다. 솔방울을 주워 올린 다음 나뭇가지와 나뭇잎을 함께 배치해서 솔방울 꽃을 만들어보기도 했다. 역시 아이는 "꽃"이라고 말하며 지금껏 보아오던 형태와는 조금 다른 스케치북 속의 이야기에 시선을 고정했다.

한 장의 추상화처럼 자유롭게 흙, 나뭇잎, 자갈 등을 올려보기도 하고 자갈로 하트를 만들거나 구체적인 이미지를 만들어보여주기도 했다. 스케치북에 올려놓은 자연의 재료 주변에 간단한 크레파스 드로잉을 얹어 새로운 이미지를 만들기도 했다. 그러자 이미지들은 더욱 다채로워졌다.

자연과 함께하는 미술 놀이는 아이의 머릿속에서 '재료'가 한정하고 있는 틀을 깨고 어떠한 재료든 작품이 된다는 가능성을 열어주는 한편 익숙한 사물을 재조합하는 경험까지 선물해준다. 예를 들어 붓이 아닌 나뭇가지에 물감을 묻혀 그려보거나 돌과 나뭇잎에 물감을 묻혀 찍어보는 것도 좋은 방법이다. 아이는 이 과정을 통해 재료의 질감과 표현을 이해하게 된다.

아이와 산책을 나설 때마다 스케치북을 챙기는 이유는 굳이 미술 재료를 가지고 가지 않더라도 자연적인 대상들이 훌륭한

재료가 되어주기 때문이다. 오직 흰 도화지만 들고 산책을 나갈 때면 몸도 마음도 가볍다. 날씨가 좋을 때는 조용한 아파트 화단 근처나 공원에 자리를 잡고 흰 종이를 펼친다.

그림 그리는 일을 업으로 삼으며 가장 설레는 순간을 꼽으라면 흰 종이를 처음 보는 순간이다. 아무것도 그려지지 않은 순백의 종이에서 곧 태어날 작품을 찾아내는 설렘이 심장박동 소리처럼 울린다. 그렇게 가슴을 뛰게 하는 순백의 설렘을 아이에게도 전하고 싶었다. 또한 흰 종이 위에서는 무엇이든 세상의 주인공이 될 수 있다는 관점과 가능성을 보여주고 싶기도 했다. 그래서 시작한 미술 놀이가 모든 자연적인 것들을 주인공으로 만들어보는 것이었다.

스케치북 위에 주변에 굴러다니는 돌멩이를 올려본다. 길에 흔하게 피어 있는 민들레나 클로버를 올려보기도 하고 나뭇잎을 자연스럽게 배치해보기도 한다. 발에 차이는 돌멩이가 스케치북에 올라가면 주인공이 된다. 흔하디흔한 들풀이 흰 종이 위에 올라서면 세상에서 가장 빛나는 꽃으로 피어난다. 길에 떨어져 밟히는 나뭇잎도 나뭇가지도 빛나는 주인공이 될 수 있다.

주변의 흔한 사물에 대한 느낌을 환기하고 자연적인 것들의 아름다움을 느끼게 하는 놀이. 그래서 주인공 놀이는 야외에서 가장 아이와 교감하며 하고 싶은 놀이기도 하다.

자연적인 것들의 아름다움을 인지하고 주변의 흔한 사물들을 특별하게 보는 시각이 아이에게 스며들기를 바라는 엄마의 마음이 화면에 담겼다.

야외에서 미술 활동을 하기에 더할 나위 없이 좋은 봄과 가을에는 재료를 조금 늘려도 좋다. 하지만 월령이 24~30개월인 아이들은 야외에서 대상을 그리기에는 어리기 때문에 어떤

미술 활동을 해야 할지 고민이 될 것이다.

하지만 그런 아이들이라도 간단한 몇 가지 재료만 준비하면 충분히 야외 미술 놀이를 즐길 수 있다. 스케치북, 잉크패드, 화장용 퍼프만 있으면 자연의 재료로 아이와 아름다운 작품을 함께 완성할 수 있다.

햇살이 따뜻한 어느 봄날, 아이와 놀이터에 나가면서 간단한 재료를 챙겼다. 아이가 좋아하는 그네를 타고 나서 바닥에 스케치북을 펼치고는 몇 개의 나뭇잎을 주워 얇은 양면테이프로 스케치북에 붙였다. 나뭇잎은 떼어내야 하니 종이가 상하지 않도록 살짝만 붙여주는 것이 좋다. 흰 도화지에 선명하게 앉은 나뭇잎을 아이에게 보여주며 "엄마랑 미술 놀이를 해볼까?" 하고 말을 걸었다.

잉크패드를 열고 화장 퍼프를 찍었다. 그리고 나뭇잎을 올린 스케치북 위를 화장하듯 찍어나갔다. 아이 손에도 퍼프를 쥐여주고 스케치북에 찍어보게 했다. 퍼프는 질감이 부드럽기 때문에 스케치북에 동그랗고 자연스러운 그라데이션을 만들어낸다. 그렇게 퍼프의 동그란 무늬가 겹쳐지며 흰 종이에 아름다운 패턴이 만들어졌다.

종이가 어느 정도 채워진 후에는 조심스럽게 나뭇잎들을 떼어냈다. 둥근 퍼프가 겹쳐지며 만들어낸 예쁘고 부드러운 배경에 나뭇잎의 형상들이 선명하게 드러났다. 자연의 재료로 엄마와 함께 만들어본 야외 미술 놀이 작품이 완성되었다. 다양한 형태의 나뭇잎, 다양한 색의 잉크패드를 활용한다면 더욱 풍성하게 놀이를 즐길 수 있을 것이다.

친근하고 부담되지 않게 자연의 재료들을 활용하는 미술 놀이는 아이의 창의력과 감성을 자극한다. 아이의 안전에 유의한다면 야외 스케치 시간은 엄마와 아이에게 일상의 소소한 활력이 되어줄 것이다.

별님에게 입을 보여줄래?

맘마도 예술

두 돌 무렵의 아이는 많은 단어들을 말할 수 있다. 자신의 의지도 생겨서 특히 하기 싫은 일에는 분명하게 의사를 밝히곤 한다. 두 돌 무렵의 린이에게 분명해진 의사표현이 바로 "안 먹어요"였다.

아이가 밥을 잘 먹지 않으면 육아 스트레스도 함께 커진다. 밥을 거부하고 편식을 하고 군것질을 좋아하는 아이에게 엄마는 화를 내기도 하고 웃어주기도 하면서 한참 동안 밥을 먹여야 한다.

린이는 유독 짠 것을 좋아하고 밥을 종종 거부하곤 했다. 국물만 먹거나 과자만 먹으려고 하면 '차라리 안 먹는 것보다는 낫겠지'라는 생각에 아이에게 져준 적도 있었다.

아이가 제법 단어를 말하게 되었으니, 단어의 형태로 음식을 만들어주면 어떨까 하는 생각을 하게 되었다. 엄마가 만들어준 예쁜 음식으로 편식을 줄이는 것이 목표였다. 치즈는 달로, 삶은 당근은 별로, 고기는 나무로, 오이는 나뭇잎으로 말이다.

아이에게 음식을 먹이면서 "린아, 별님이 린이 입속으로 들어가고 싶대. 우리 별님에게 입을 보여줄까?" 하고 말했다.

아이는 둥근 접시에 나타난 형태들에 관심을 보이며 단어를 말하기도 하고 집어 먹기도 했다. 바쁘고 힘든 엄마들에게 음식까지 그림처럼 만들라고 하면 너무 피곤할 수 있다. 나 역시 화가 엄마이기는 하지만 매끼에 공을 들일 만큼 여유가 있지는 않다. 그래서 시작한 것이 간단한 플레이팅이다. 꼭 많은 시간이나 정성을 들이지 않아도 아이를 위한 예쁜 음식을 만들 수 있다. 치즈나 채소를 가위로 잘라 접시에 올리기만 해도 아이와 소통할 수 있는 예쁜 음식이 만들어진다. 아이가 좋아하는 동물 모양을 오려준다면 아이는 더욱 기뻐할 것이다.

가끔 예쁜 음식을 만들어 아이와 소통하며 먹다 보면 아이도 음식에 더욱 친근감을 갖고 즐거움을 느끼며 자신이 사랑받는다는 느낌을 얻는 것 같다. 정성이 담긴 엄마의 음식은 아이의 입으로 들어가며 아이에게 긍정적인 영향과 따뜻한 사랑을 전할 것이다.

넌 이름이 뭐니?

～～～～～

정물화로 단어 익히기

정물화는 사물을 그리는 그림이다. 아마 아이가 학교에 가거나 미술학원에 가게 되면 몇 번쯤은 그릴 기회가 생길 것이다. 나 역시 학창 시절에 정물화를 참 많이도 그렸다.

정물화가 사물을 그리는 그림이라고 해서 단순히 눈앞의 사물을 묘사하는 것만은 아니다. 배치와 의미에 따라 정물화 안에도 작가의 숨결을 불어넣을 수가 있다. 특히 17세기 네덜란드에서는 작가의 철학이 담긴 정물화가 크게 유행했다.

뻔한 정물화보다 철학적인 작품으로 단어 맞히기를 하고 싶다는 생각에 바니타스[1] 정물화^{Vanitas' still life}를 인쇄했다. 그림 속의 화병에는 예쁜 꽃들이 꽂혀 있다. 하지만 뭔가 그림이 어둡기도 하다. 몇 송이 꽃은 이미 고개를 떨구고 있다. 죽어가는 꽃들을 표현한 듯 꽃병은 시간의 흐름을 머금고 있고 화면을 차지한 해골은 약간 음산한 분위기를 준다.

인쇄된 그림을 앞에 두고 아이와 함께 앉았다. 아이는 엄마의 손가락이 그림에 닿을 때마다 아는 단어들을 말하기 시작했다. 나는 아이에게 "맞아, 맞아" 하고 맞장구를 쳐주며 바니타스 정물화의 의미를 설명했다.

"꽃은 왜 시들었을까?"

"벌은 왜 그렸을까?"

"해골은 무엇일까?"

정물을 하나하나 손으로 짚으며 아이에게 질문했다. 아이가 말을 하지 못할 때도 그림을 보여주며 질문을 많이 하곤 했다.

특히 꽃을 설명할 때는 만개한 꽃의 이미지와 함께 정물화 속의 시들어가는 꽃의 이미지를 대조적으로 보여주었다. 꽃은 시간과 허무를 드러내는 대표적인 도상이기에 아이에게도 '꽃이 시든다'는 개념을 이해시키고 싶었다.

내 그림에도 꽃이 자주 등장한다. 많은 작가들이 화무십일홍花無十日紅, 즉 삶의 덧없음을 드러내기 위해 꽃을 자주 그린다. 바니타스 정물화는 삶의 허무를 담고 있는 그림이다. 시들어가는 꽃처럼, 생명이 없는 해골처럼, 우리 역시 필연적으로 죽음의 순간을 맞게 된다. 모든 것은 결국 사라진다. 부정적으로 들리겠지만 나는 오히려 이런 강한 허무감에서 삶을 향한 짙은

아드리안 판 위트레흐트, 〈해골과 꽃다발이 있는 바니타스 정물〉,
캔버스에 유채, 67×86cm, 17세기

애정을 읽곤 했다.

　너무 오만해질 때도, 너무 힘들어 무너질 것 같을 때도 우리
의 삶이 화병 속의 꽃처럼 유한하다는 사실을 깨닫고 나면 마
음의 중심을 잡을 수 있었다.

　육아를 하면서 원활하게 말이 통하지 않는 아이와 하루 종일
교감하며 행복할 수만은 없었다. 게다가 전화 한 통 편하게 못
하는 시간이 외롭고 답답할 때도 많았다. 아무리 열심히 한다
고 해도 티가 나지 않고 당연하게 치부되는 것이 엄마의 육아

고 조금만 못해도 아이가 다치거나 문제가 생기는 것이 육아였다. 나는 아직 나인데도 모두가 나에게 '애 엄마'로서의 역할만 강조하거나 육아 천재 같은 엄마들의 이야기에 위축될 때면 나를 위로해준 것은 밝은 그림이 아니라 바니타스 정물화였다.

'이 또한 지나가리라……'

결국 지나갈 시간을 상기할 때 타인과 나의 비교에서도 자유로워질 수 있고 이 순간의 소중함도 깨달을 수 있다. 그러면 눈앞의 일만 보던 시선에서 조금은 힘을 빼고 오늘의 아름다움을 즐길 수가 있게 된다. 이 시간은 결코 영원하지 않으므로. 다른 곳에 눈을 돌리기 힘든 육아 중에도 이렇게 아이가 예쁜 순간이 다시 오지 못하리라는 사실을 떠올리면 아이의 미소를 마음 한가득 받아들이게 된다.

죽음 때문에 삶은 허무하지만, 다시 생각해보면 죽음 때문에 삶이 소중하다. 그림 속에서 작가가 말하고 싶은 서사를 천천히 읽어내려 가보자. 바니타스라는 코드로 작품을 보다 보면 사물의 의미가 자연스럽게 받아들여진다.

"늘 큰 시각으로 삶을 바라보렴."

그림을 보며 아이에게 이야기했다.

활짝 피어 있는 꽃의 생명이 한순간이기에 오늘 하루와 곁에 있는 존재들이 얼마나 소중한지 느낄 수 있길 바라면서.

어른들을 따라 할래

모방 미술

이 시기의 아이가 보이는 큰 특징은 어른들을 따라 한다는 것이다. 모방에서 즐거움을 찾는 아이는 전화기를 들고 어설픈 발음으로 "어디야?" "여보세요?" 등 아빠 엄마가 주로 쓰는 말을 웅얼거리기도 하고 엄마의 화장대에 놓인 화장품을 얼굴에 바르는 흉내를 내보기도 한다. 어른을 어설프게 따라 하는 것이 너무나 귀엽고 사랑스러워서 어른들에게도 큰 웃음과 기쁨을 준다.

린이도 혼자 노는 시간이면 엄마처럼 그림을 그려보거나 뭔가 아는 듯이 컴퓨터 키보드를 두드리거나 전화를 거는 척하거나 화장하는 흉내를 내거나 요리하는 시늉을 하는 등 모방 놀이를 한다. 특히 린이가 좋아하는 놀이는 전화하기와 요리하기다. 틈만 나면 인터폰의 수화기를 들고 엄마의 말을 흉내 내고 주방의 조리 기구를 끄집어내 요리하는 흉내를 낸다.

아이가 즐거워하는 것을 보니, 좀 더 놀이를 풍성하고 즐겁게 가꾸어주고 싶었다. 텅 빈 프라이팬에 열심히 채소 볶는 흉내를 내며 노는 아이의 모습이 귀여워 아이와 또 하나의 즐거운 미술 놀이를 하기 위해 음식 그림을 만들어보기로 했다.

우선 두꺼운 흰 종이에 매직으로 린이가 좋아하는 김밥, 당근, 호박, 달걀 등 음식 모양을 그렸다. 이왕이면 아이가 주로 먹는 음식들을 중심으로 그렸다. 그다음에는 아이와 함께 색칠을 했다. 이때 "린아, 이게 뭐지?" "우리 한번 주황색으로 당근을 칠해볼까?" 하며 미술 놀이를 유도했다.

아이는 크레파스로 색칠을 하면서 "당근 앙!" "김밥 앙!" 하며 먹는 시늉을 하기도 했다. 그렇게 아이는 삐뚤빼뚤 작은 손을 끼적이며 음식에 색을 입혀나갔다. 엄마와 함께 색칠을 마친 후 음식 모양을 가위로 잘라냈다. 그리고 완성된 그림을 프라이팬 위에 하나씩 올려주었다.

아이는 프라이팬에 음식 그림을 열심히 볶는 흉내를 내다가 엄마에게 "앙" 하며 먹여주는 흉내를 내기도 하고, 접시에 옮기기도 하며 주방 놀이를 즐겼다.

어느 순간 아이의 장난감이 된 인터폰에도 아이가 좋아하는 할아버지, 할머니, 삼촌, 숙모, 외할아버지, 외할머니, 외삼

촌의 사진을 붙여주었다. 아이는 수화기를 들면 늘 "할머니 전화", "할아버지 전화" 하며 통화하는 흉내를 냈기 때문에 아이가 목소리를 듣고 싶어 하는 가족들의 사진을 붙여 더욱 흥미롭게 전화 놀이를 하게 해주고 싶었다.

주방 놀이든 전화 놀이든 아이가 무엇을 좋아하는지 관심 있게 살핀다면 거창하지 않은 소소한 손길만으로 아이에게 몇 배의 기쁨을 주는 놀이를 만들어줄 수 있다.

산책도 예술처럼

거리의 미술관

거리에는 완연한 가을이 왔고 아이는 어느덧 아장아장 걸을 수 있게 되었다. 짧은 거리는 손을 잡고 걸을 수 있게 되었기에 다니기가 조금은 편해졌다. 거리에서는 생각보다 많은 미술 놀이를 할 수 있고 곳곳에는 다양한 대형 조형작품들이 놓여 있다.

나 역시 종종 빌딩 앞의 공공 조형작품을 제작하곤 하는데, 그때마다 유모차를 끌고 거리로 나올 엄마들을 생각한다. 공공 조형작품은 공공과 소통하는 미술이 되어야 한다는 생각이 크기 때문이다. 아이와 함께 산책을 나온 엄마가 아이에게 이 작품을 어떻게 설명할까 고민하다 보니 공공 조형물에는 희망적인 메시지를 많이 담는 편이다.

유모차를 끌고 산책할 무렵부터 아이에게 조형물들을 많이 보여주었다. 눈여겨보면, 대부분의 큰 건물 앞에는 조형물이

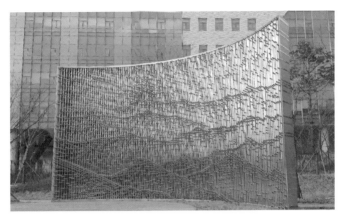

있고 아파트 단지나 공원에도 조형물이 있다. 크고 작은 조형물 앞에 잠시 서서 아이와 작품을 보는 시간을 갖곤 했다. 추상적인 형태더라도 아이의 상상력은 다양한 의미로 작품을 받아들일 것이라 믿었다.

"린아, 저 두 사람은 아주 즐겁게 어깨동무를 하고 있구나. 린이도 친구들이랑 저렇게 친하게 지내면 좋겠지?"라는 식으로 아이가 이해할 수 있는 범위 내에서 작품에 대한 이야기를 들려주기도 했다.

30분 정도 산책을 하는 동안에도 여러 점의 공공 조형물을 볼 수 있기에 거리는 또 다른 미술관이 된다.

가까운 공원이나 놀이터에는 아이와 즐길 수 있는 자연물들

김한기, 〈하늘은 희망의 공간〉, 스테인리스 스틸, 400×400×360cm, 2016

도 많다. 때로 자연물의 아름다움에 경외감이 느껴지는 순간들
이 있다. 많은 예술가들에게 자연은 커다란 영감의 원천이다.
아이에게도 자연을 관찰하고 아름다움을 느낄 수 있는 감수성
이 자라나길 바라며 놀이를 하다 보면 한두 시간이 훌쩍 지나
간다.

아이가 더 크면 스케치북을 들고 나와 변화하는 계절을 담아
보고 싶다. 거리의 미술관, 거리의 화실은 늘 가까운 곳에서 아
이를 기다리고 있다.

흘러내리는 시계

콜라주[12] 그림

나는 그림을 그릴 때 종종 주제와 관련해 나만이 알 수 있는 단서를 그림 속에 숨겨두곤 한다. 보일 듯 말 듯 텍스트를 아주 작게 숨겨두기도 하고, 작은 보석의 형태 속에 주제를 담기도 한다. 얼핏 보면 발견하기 힘들지만 자꾸 보고 생각하다 보면 소통될 수도 있는 도상들. 의도하지 않았다가 그리는 동안 자연스럽게 그 형태가 나타날 때도 있는데, 아마도 무의식에서 자연스럽게 나오는 형태들이 아닐까 생각한다.

예를 들어 작품 속의 시계를 그릴 때면 10시 7분으로 표현한다. 바로 우리 아이가 태어난 시간이다. 나에게는 한 생명의 탄생을 의미하는 도상이지만 사실 그림을 보는 사람들은 알 수 없는 사적인 부분이다.

살바도르 달리[Salvador Dali]의 작품에는 그런 비밀이 많다. 정확

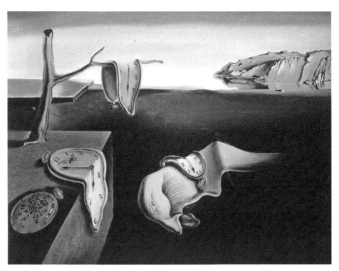

살바도르 달리, 〈기억의 지속〉, 캔버스에 유채, 24×33cm, 1931
ⒸSalvador Dalí, Fundació Gala-Salvador Dalí, SACK, 2017

히 읽어낼 수 없는 형태들이 많은 상상력을 불러일으키는 특이한 작품들이다. 실제로 달리는 사람들의 편견 속에 존재하는 독특한 예술가의 모습처럼 굉장한 기인이었다고 한다. 자기애가 너무 강해 자신을 천재라고 떠들고 다닐 만큼 교만했고 이기적이며 현실감각도 없었다.

달리의 작품 또한 그런 모습과 닮은 느낌이다. 달리는 무의식의 세계를 표현하는 초현실주의 화가로 잘 알려져 있고 이런 면모는 비현실적인 장면을 묘사한 〈기억의 지속The Persistence of Memory〉에 잘 드러나 있다.

그림을 자세히 보자. 꿈에서 본 듯한 풍경이 펼쳐진다. 멀리 깎아놓은 듯한 절벽과 해안선이 보이고 황량한 땅 위에는 생명체 같은 것이 있다. 하지만 무엇인지 알아보기는 어렵다. 우리 머릿속에 있는 이미지와 단어의 연결로는 찾을 수 없는 형태다. 달리의 그림에는 이렇게 미지의 형태들이 자주 등장한다. 흐물거리는 시계들의 이미지는 더욱 화면을 신비롭게 만드는 동시에 마른 나뭇가지와 황량한 풍경과 어우러져 공포감도 자아낸다. '명화'라는 단어가 어울릴 만큼 인상적이고 흡인력 있는 작품이다.

달리의 그림을 모티브로 아이와 할 만한 놀이가 없을까 생각하다가 아이와 함께 만드는 초현실주의 그림을 구상했다. 달리의 이미지들은 무척 창의적이라서 아이의 창의력 발달에도 도움이 되리라 생각했다.

우선 풍경화가 프린트된 배경 이미지를 준비한다. 그리고 달리의 작품들을 프린트해서 이미지들을 오린다. 그다음에 오려낸 달리 작품의 도상들을 풍경 위에 붙여 초현실주의 그림을 완성한다.

달리의 이미지들은 명료하지 않아서 아이가 무엇이라고 대답하기는 어렵기에 "이거야"라고 단정적으로 말해주기보다는 질문을 던지면서 작품을 만들어나갔다.

"린아, 시계가 있네? 시계가 녹아내리고 있네? 이건 뭐지? 사람의 얼굴 같기도 하고 바위 같기도 하네? 이 동그란 이미지들은 비눗방울 같지?"

아이는 낯선 이미지들을 유심히 바라보기도 하고 엄마의 도움을 받아 이미지들을 화면에 붙이기도 했다.

그렇게 완성된 작품은 달리의 작품과는 또 다른 독특한 초현실적 분위기를 자아냈다. 엄마와 만들어본 최초의 '초현실 콜라주' 작품이다. 완성작에서 달리의 작품 같은 자신감이 묻어난다.

'사람은 생각하는 대로 된다'는 말이 있다. 달리는 기인에 가깝도록 특이했지만 자신의 재능을 깊이 사랑하며 독특한 정신세계를 당당하게 표현한 화가였기에 자신만의 화풍을 완성할 수 있었는지도 모른다. 실제로 달리는 천재답게 영화, 저술, 퍼포먼스, 디자인 등 다양한 영역을 넘나들었고 지금까지도 세계적인 화가로서 많은 이들의 사랑을 받고 있다.

아이가 어떤 일을 하게 되든, 자신의 재능을 깊이 사랑하며 타인의 시선을 너무 의식하지 않기를, 그리하여 당당히 자신을 표현할 수 있기를 바란다. 힘들 때는 누가 뭐래도 자신을 믿으라고. 그때가 되면 엄마와 함께 만든 초현실 콜라주를 다시 보여주고 싶다.

화장을 하고 싶어

장난감 화장대

아이가 딸인 것을 실감하는 순간이 있다. 화장하는 엄마의 모습을 유심히 보고 제스처를 따라 하거나 화장대에서 손에 닿는 화장품을 집어갈 때다. 두 돌이 훌쩍 지난 아이는 종종 엄마의 화장품을 가져가 침대에 숨기기도 하고 때로 화장품 뚜껑을 열어 얼굴을 온통 화장품으로 물들이기도 했다.

무조건 하지 못하게 하고 화장품을 뺏는 것은 소용이 없는 듯해서 아예 아이를 위한 화장 놀이를 해야겠다고 마음먹었다. 마침 선물받은 아이용 장난감 화장대도 있었다.

화장 놀이를 하기 위해 우선 흰 종이에 네임펜으로 간단하게 여자 얼굴을 그렸다. 얼굴을 오려내 화장대 거울에 붙였다. 그리고 장난감 화장품 대신, 다 쓴 화장품 케이스에 꽃을 달아놓고 아이가 좋아하는 메이크업 브러시를 꽂아주었다. 실제로 사

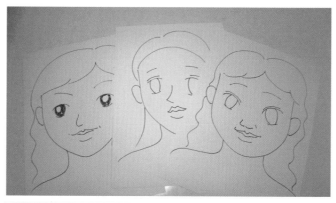

용하는 몇 가지 색조 화장품들도 챙겼다. 화장대를 뒤적이니
의외로 사용하지 않는 색조 화장품들이 꽤 있었다.

"린아, 엄마와 화장 놀이 할까?"

아이를 장난감 화장대 앞에 앉히고 그림을 보여주었다.

"오늘 이 아이를 예쁘게 화장해주자."

립스틱을 쥐여주니 아이는 그림의 입술에 립스틱을 정성스럽게 바르며 좋아했다. 퍼프로 얼굴을 톡톡 찍어보기도 하고 좋아하는 브러시로 볼터치를 넣어주기도 했다.

우리 아이는 터프한 편이라 종종 어린이집에서 서툰 표현으로 친구를 아프게 하기도 했다. 좋아하는 친구를 밀치거나 얼굴에 흉터를 내는 행동 때문에 고민했던 터라 예쁘게 화장을 해주며 정성스럽게 상대방을 대하는 법을 자연스럽게 알려주고 싶었다. "예쁘다, 예쁘다"라며 평소보다 조심스럽게 그림에 화장을 하는 아이를 보면서 이런 놀이가 아이의 공감능력 향상에 도움이 될 수 있다는 것을 느꼈다.

엄마와 그림에 화장을 하며 화장에 대한 호기심을 해소해주고 더불어 공감능력까지 키우는 것이 화장 놀이의 큰 장점이다. 엄마의 지도와 함께 다양한 화장품들로 이미지를 장식해보며 공감능력을 키워보자.

수족관에서 만난 그림

크로키[13]

스위스 태생의 예술가 파울 클레^{Paul Klee}는 추상미술의 역사에서 빼놓을 수 없는 작가다. 상상력이 깃든 신비로운 작품들은 보는 이들을 매료시킨다. 파울 클레의 작품 중 아이에게 가장 보여주고 싶었던 것이 1925년 작 〈황금 물고기*Le Poisson d'or*〉다. 〈황금 물고기〉는 어린아이의 시각 같은 순수한 동심이 묻어나면서도 심해의 고요한 신비감이 전해지는 작품이다. 언뜻언뜻 드러나는 푸른 해초들과 그 가운데서 노란빛을 내는 물고기의 유영은 작가만의 독특한 화풍으로 남다른 분위기를 자아낸다.

〈황금 물고기〉를 보여줄 때면 늘 "물고기"라고 말하는 아이였지만 어쩐지 집에서 보는 것보다 수족관에서 보여주면 더욱 다양한 측면에서 감상이 가능할 것 같았다. 집 근처의 수족관에 유효 기간 1년짜리 연간 회원권을 끊어두었는데, 늘 같은

파울 클레, 〈황금 물고기〉, 마분지에 유채, 49.6×69.2cm, 1925

코스를 한 바퀴 돌고 오는 것이 약간은 지루해지던 차였다.

우선 작품을 A4 반 페이지 크기로 출력하고 빨강·노랑·파랑 크레파스, 그리고 검은 도화지를 챙겼다. 수족관에 도착해서는 어둡지 않고 사람이 적은 공간에 유모차를 세워두고 파울 클레의 그림을 펼쳤다. 그리고 눈앞의 수조에서 예쁜 지느러미를 움직이며 헤엄쳐 다니는 알록달록한 물고기를 보여주었다.

"린아, 물고기들이 아름답게 움직이지? 화가는 저 물고기를 이렇게 자기만의 시선으로 그린 거야."

그다음에는 까만 도화지를 펼쳐 아이와 함께 크레파스로 간단하게 물고기를 그려보았다. 생동감 넘치는 대상의 특징을 빠

른 시간 안에 파악하고 그려내는 경험을 아이에게 전해주고 싶었다.

테이블도 없고 재료도 충분하지 않아 약간은 불편한 상황에서 미술 놀이를 진행한 것이 아쉬웠지만 엄마의 마음이 아이에게 충분히 전해졌으면 했다.

언젠가 움직이는 생명체의 특징을 이해하는 시간을 선물하고 싶었다. 그런데 드디어 그 역동적이고 아름다운 형태들을 관찰할 시간을 가진 듯해서 기뻤다. 중간중간 물고기와 함께 작품 이미지를 보여주며 작가가 대상을 어떠한 시각으로 보았는지, 자신만의 화풍이 어떻게 작품에 반영되었는지를 자연스럽게 알려주었다.

대상을 보면서 주요 특징들을 빠르게 흡수하고 소화한 다음 자신만의 것으로 만들어내는 것은 중요한 능력이다. 평범한 물고기가 파울 클레의 화면에서 빛을 발하게 되었듯, 아이가 흡수하게 될 세상의 모든 대상들이 아이의 시각과 생각을 통해 새로운 모습으로 탄생하길 바라는 엄마의 마음으로 수족관의 물고기들을 바라보았다.

아이와 함께하는 미술관 데이트

햇살이 눈부신 오후 이지성 작가와 당구 여신 차유람 선수 부부가 100일 남짓 된 딸 한나를 데리고 개인전이 열리는 이태원의 갤러리를 찾아왔다. 비슷한 나이에 비슷한 딸이 있는 유람이는 종종 아이와 함께 전시장을 찾아준다. 성장 과정에 맞게 컬러감이 화려한 작품 원화를 아이에게 경험시켜주기 위해서다. 우리는 아이의 성향에 맞게 자주 다른 전시도 보러 다니며 그에 대한 이야기를 나누곤 한다. 미술 육아에 관심이 많고 이를 실천하는 좋은 지인과 함께 아이의 성장을 공유하고 아이에게 보여주고 싶은 작품을 찾아다니는 것은 엄마인 나에게도 일상의 기분 전환이 된다.

전시회에 가는 것은 3세 이전의 아이와 할 수 있는 특별한 미술 활동이다. 물론 아이와 함께 전시회에 가는 것이 신경 쓰이는 일로 느껴질 수도 있다. 아이와 집을 나서는 것도 적잖이 번거로운 일인 데다 미술관에서 아이가 울지 않을지 걱정도 되고 아직 어린 아이가 뭘 알겠나 싶을 수도 있다. 게다가 갤러리 공간은 어쩐지 문턱이 높고 눈치가 보인다고 생각되는 경우가 많다.

하지만 전시장만큼 아이와 교감하고 즐기기에 좋은 공간이 드물다. 꼭 고층 빌딩 전광판에 광고되는 해외 거장의 블록버스터 전시가 아니라도 좋다. 이미지에 한창 반응하는 시기에 인쇄물이 아닌 원화를 보여주는 것은 아이에게 특별한 경험이 된다.

전시장에 익숙해지려면 우선 미술관과 갤러리의 차이부터 이해하는 것이 좋다. 둘은 성격이 다른 전시 공간이다. 미술관은 작품을 판매하지 않는 비영리 공간으로 주로 입장료가 있다. 한편 갤러리는 작품을 판매하는 공간으로 대부분 무료 개방이다. 보통 블록버스터 전시의 경우 사람에 치일 만큼 인파가 몰릴 때가 많지만 대부분의 갤러리 개인전은 상당히 한적한 편이다. 한적함은 관람에는 장점이기도 하고 단점이기도 하다. 아무래도 작품을 판매하는 공간이기 때문에 눈치가 보이지는 않을까 싶어 들어가기 망설여지는 공간이 갤러리다.

하지만 전시를 하는 작가 입장에서는 전시를 찾아준 모든 관객들이 감사하고 소중하다. 한 번의 개인전을 위해 작가는 평균 1~3년 동안 작품을 준비하고 개인전이 끝나면 한동안 몸살을 앓을 만큼 에너지를 많이 쏟는다. 1~2주일 남짓한 짧은 기간에 보다 많은 사람들이 전시장을 찾아 공감해주는 것이 작가들의 첫 번째 바람이다. 작품을 향한 작은 관심이 젊은 작가에게는 용기가 되고, 다양한 동시대 작가들의 작품을 보는 것은 아이에게도 엄마에게도 문화적 시각을 확대하는 기회가 된다.

곳곳에 수많은 갤러리와 복합문화공간이 있기 때문에 작가들의 개인전은 매일 열린다고 생각하면 된다. 따라서 일주일에 한 번씩 아이와 전시를 보러 가는 것도 좋은 방법이다. 네오룩(www.noelook.com)과 같은 미술 관련 사이트에서는 작가들의 전시 일정과 작품 설명을 볼 수 있다. 그중 보고 싶은 전시를 골라 매주 찾아가면 비교적 조용한 공간에서 아이에게 그림을 보여주고 이야기하며 교감할 수 있다.

많은 작가들의 경우 개인전 기간에는 전시장에 자주 머무는 편이다. 작가가 전시장에 있을 경우 직접 작품에 대한 설명을 들을 기회도 생긴다. 대부분의 작가는 관객의 질문에 기꺼이 설명해주기 때문에 그림을 한층 깊이 이해하는 계기가 될 수 있다.

우리 아이는 집에서 원화를 볼 기회가 많지만 다른 작가들의 그림도 보여주고 싶은 마음 때문에 전시를 자주 보러 다니는 편이다. 미술관에서 단체전이나 아트페어가 열릴 때, 호텔 로비에 작품이 설치되었을 때 아이를 데리고 공간으로 향했다. 엄마의 그림과 여러 작가의 그림이 섞여 있는 미술관 벽면은 큐레이터의 기획 의도에 따라

분할되고 다양한 색상으로 칠해져 있었다.

아이는 그림을 보며 맘에 드는 이미지를 손가락으로 가리키기도 하고 아는 단어를 연신 말하기도 했다. 동선을 따라 미술관을 한 바퀴 돌다가 엄마의 그림이 나오자 아이는 눈을 동그랗게 뜨고 "엄마, 엄마" 하며 그림을 가리켰다. 아직 아는 단어가 많지 않지만 무언가 말하고 싶은 듯했다. 집에서 보던 익숙한 이미지를 기억하는 모습이 기특했다.

그림 앞에 유모차를 세우고 아이에게 이야기를 들려주었다.

"엄마가 꽃을 그렸어. 붉은 꽃이 참 아름답게 피었구나. 반짝반짝 예쁜 보석도 있네. 이 여자는 무슨 생각을 하고 있는 걸까?"

　엄마의 손가락을 따라 아이의 까만 눈동자가 반짝였다. 작품을 벽에 걸어 작품에 대한 집중력을 높이는 환경에서 아이는 그림을 더욱 유심히 보는 듯했다. 작품을 완전히 이해해야만 아이에게 작품을 이야기해줄 수 있는 것은 아니다. 작품을 받아들이는 것은 어느 정도 관객의 몫이다. 따라서 아이가 이해할 수 있을 정도로 엄마의 감상을 들려준다면 아이의 생각도 무럭무럭 자라나며 엄마와 그림으로 교감하게 된다.

　인쇄물은 원화의 감동을 완전히 따라잡기 어렵다. 대작들의 스케일에서 오는 시원함과 선명한 컬러에서 오는 경쾌함이 매주 아이의 눈으로 전해진다면 아이에게는 매주 색다른 시각의 자극이 전해진 것이다.

　엄마의 그림이 전시된 공간들을 찾을 때마다 아이가 미술관이나 갤러리 공간에 어려서부터 익숙해지기를, 그래서 아이의 감성과 감각도 함께 성장하기를 바라는 마음을 담곤 했다. 나중에 이 시간들은 아이의 미감 형성에도 도움을 주는 동시에 엄마의 그림과 함께했던 추억의 시간으로 기억될 것이다.

Chapter 5

아이에게 들려주고 싶은
엄마의 깊은 속마음

엄마가 읽어주는 명화

어느 TV 프로그램에서 사랑받지 못해 지능이 정상적으로 발달하지 못하는 아이들을 보았다. 어린 시절 트라우마를 겪어서, 제대로 애착이 형성되지 못해서, 무관심에 방치되어서 발달하지 않는 아이들이었다. 하지만 또한 드라마틱하게 변화할 수 있는 것도 성장기의 기적이었다. 이 프로그램에는 파양과 보육원 생활로 트라우마와 애정 결핍에 시달리던 아이가 좋은 양부모를 만나 충분한 사랑을 받자 정상 지능을 되찾고 반에서 1등을 하는 장면도 나왔던 것이다. 사랑과 관심은 그토록 기적적이었다.

월령보다 한 템포 늦게 육아책에서 좋은 놀이나 육아법을 읽게 되면 '지금부터 시작하는 것은 늦지 않을까'라고 생각하기 쉽지만 아이의 변화 가능성은 무궁무진하다. 늘 무관심과 전자기기에만 노출되어 있던 아이라도 지금부터 명화를 읽어주고 미술 놀이를 함께한다면 얼마든지 변화할 가능성이 있다. 반대로 성장기를 완전히 놓친 경우 아무리 열심히 학습을 시켜도 제때 제대로 발달하지 못한 지능이나 사회성을 되돌리지 못하게 된다.

실제로 1920년 인도에서 어린 시절을 사람과 보내지 못하고 늑대 소굴에서 보낸 아이 두 명이 발견된 사례가 있다. 9년 동안 아이들을 정상적으로 키우기 위해 꾸준히 노력했음에도 중요한 시기를 놓친 아이들은 단어를 300개 이상 외우지 못하고 사회성도 발달하지 못한 채 죽음을 맞이해야 했다.

얼마든 변하고 발달할 수 있는 유아기를 놓쳐버리면 이후에는 학습적으로 더욱 힘들어질 수 있다. 그렇기에 0~3세는 중요하다. 폭발적으로 자라는 시기에 부모가 행동이나 말을 조심해야 하고 아이에게 사랑을 듬뿍 주어야 하는 이유가 그것이다. 말을 하기 전까지 아이는 어른들의 언어를 이해하지 못하고 세상을 그냥 흘려보내는 것이 아니다. 아이는 말할 준비를 하기 위해 흡수하는 것이고 이내 자신이 흡수한 세계를 말로 표현하기 시작한다.

아이에게 책을 읽어주는 것은 꼭 지식을 가르치려는 의미가 아닌, 엄마의 품에서 아이에게 충분한 사랑을 주며 애착을 형성할 수 있는 활동이다. 아이는 엄마의 체온과 목소리에서 안정감을 느끼게 되고 다양한 언어와 시각적인 자극을 받게 된다.

우리 아이도 엄마와의 그림책 읽기를 무척 좋아한다. 그런데 가끔 보면 그림책이 보고 싶은 것이 아니라 엄마 품에 쏙 들어가 엄마의 목소리를 듣는 순간을 좋아하는 것 같다. 아이가 명화의 철학과 메시지를 이해하리라고는 기대하지 않는다. 다만 아이에게 그 순간만큼은 엄마가 다른 곳에 관심을 분산하지 않고 자신에게만 애정을 쏟는다는 안정감을 느끼게 해주고 싶다.

아이는 단순한 이미지를 좋아하지 명화는 지루해할 것이라고 생각하기도 쉽다. 하지만 신기하게도 아이는 자유로운 붓 터치로 이루어진 그림의 작은 형체에서도 단어를 연결했고 내가 책을 읽어주지 않을 때 혼자 보는 가장 좋아하는 책도 명화책이었다.

가끔 아이가 많은 그림책들 속에서 명화책을 꺼내 혼자 빤히 들여다보는 것이 신기하기도 했다. 자주 보여주는 만큼 명화의 힘이 실린 터치들은 아이의 눈을 통해 감성으로 들어가 아이의 미감을 형성해줄 것이다.

늘 미안한 엄마의 마음

〈여성의 세 시기〉

그나마 시어머니와 친정 엄마가 종종 아이를 맡아주시니 복 받은 거라는 이야기를 자주 들었다. 정말 그렇다. 양가 어머님들이 아이를 전혀 못 봐주시는 상황이었다면 육아는 더욱 힘들었을 것이다. 실제로 그런 엄마들이 얼마나 힘들게 육아를 하는지 보기 때문에 어머님들께는 늘 죄송하고 감사하게 된다.

덕분에 아이는 할머니 외할머니를 무척이나 좋아한다. 할머니들에게 매달리고 애교를 부릴 때면 더욱 에너지가 넘친다. 종종 투정도 부리는 아이를 달래는 것이 나이가 많으신 어머님들에겐 몇 배는 더 힘든 일일 것이다.

내가 아주 어렸을 적에 나의 할머니도 어머님들처럼 나를 돌보아주셨다. 어느덧 할머니는 돌아가시고 다음 세대인 어머님들과 내가 아이를 돌보게 되었다.

20대에는 하루하루가 참 새롭고 길었다. 대학 4년은 참 길게만 느껴졌는데 결혼과 동시에 시간은 성큼성큼 빠른 걸음으로 나를 데려갔다. 결혼을 하고 아이를 낳고 정신없이 지내다가 문득 예전에 친했던 친구들의 얼굴이 휘릭 지나갔다. 생각해보니 몇 년째 연락을 못 한 친구들이 많았다. 알아채지도 못할 만큼 순식간에 나이를 먹어버린 것이다. 내가 필연적으로 늙어가는 동안 아이는 참으로 예쁘게 쑥쑥 자라고 있어서 문득문득 놀라곤 한다. '린이가 벌써 저렇게 컸나…….'

가끔 나는 시들어가는 꽃이고 아이는 솟아나는 꽃봉오리처럼 느껴질 때도 있다. 아이를 보시는 어머님들은 또 어떻게 생각하실까. 언젠가는 나도 할머니가 되어 아이의 딸을 돌볼 날이 올까 하는 생각을 하면 참 많은 감정이 교차하곤 한다.

구스타브 클림트Gustav Klimt의 작품 중에 할머니, 엄마, 아이를 그린 듯한 작품이 있다. 〈여성의 세 시기The Three Ages of Woman〉다. 약간 평면적인 느낌도 들지만 금색에 화려한 패턴 때문에 참 장식적으로 보이기도 하는 그림이다. 클림트의 그림은 황금빛의 화려하면서도 신비로운 느낌이 주된 특징이다.

아이를 낳기 전에는 큰 감동을 받지 못했던 그림이었지만 아이를 낳고 나서 그림이 달라 보였다. 그림 속의 세 여인이 마치 할머니와 엄마, 그리고 아이처럼 느껴져서 많은 공감이 되었다. 괜스레 눈시울이 붉어지기도 했다.

나에게 감동을 준 작품이라 아이와 함께 보고 싶다는 생각을 했다. 그림을 펼쳐놓고 손가락으로 가리키며 "린이, 엄마, 할머니"라고 일러주었다.

그림에서 아기는 엄마 품이 세상에서 가장 편안한 듯 깊은 잠에 빠져 있다. 발그스름한 볼이 생기 있고 예뻐서 꼭 린이처럼 느껴졌다. 그런데 왼쪽에 고개를 푹 숙인 여인의 옆모습이 시선을 붙든다. 살은 처져 있고 주름도 많이 지고 수그러진 어깨만큼 자신감도 잃은 듯하다. 손으로 얼굴을 가린 모습이 애처롭기도 해서 오른쪽에 있는 엄마와 아기와는 동떨어진 분위기를 풍기고 있다. 〈여성의 세 시기〉라지만 왜 이렇게 노년의 여성을 힘없고 쓸쓸하게 표현한 것일까.

화가들은 자신의 삶과 그림을 완전히 떨어뜨려놓기가 어렵다. 때론 그림이 삶에 대한 치유의 방식이 되기도 한다. 이러한 그림을 그린 배경에는 클림트가 자라면서 느꼈을 여성의 이미지가 영향을 미쳤을 것이다.

7남매의 장남이었던 클림트는 정신병 증세를 보이는 어머니 대신 누이들을 돌보아야 했다. 또한 모성에 대한 집착도 있었다고 한다. 자신의 엄마가 늙고 병들어 결국 누군가에게 의지해야 하는 노년이 되는 것을 현실로 받아들이며 노년의 여성이

구스타브 클림트, 〈여성의 세 시기〉, 캔버스에 유채, 178×198cm, 1905

애처롭게 느껴졌을 것도 같다.

지금의 나는 건강하게 아이를 돌보고 있지만 시간이 지나면서 나 역시 약해지고 늙어갈 것이다. 아이가 예쁘게 자라는 모습을 더 많이 눈에 넣지 못한 것을 아쉬워하며, 더 좋은 엄마가 되지 못한 것을 후회하며, 더 잘해주지 못한 것을 미안해하며 노년을 맞이할 것이다. 엄마의 마음은 늘 그런 거니까.

아이와 나 사이에 놓인 시간이, 또한 나의 어머니와 나 사이에 놓인 시간이 영원하지 않다. 이별은 의식하지 못한 사이에 찾아와 후회와 슬픔을 남길 것이다. 그래서 우리는 함께하는 시간을 더 소중히 여기고 사랑해야 한다.

아이에게는 늘 미안한 것이 엄마 마음이다. 아이와 그림을 보며 마음으로 말했다.

"린아, 더 잘해주지 못해 늘 미안해. 린이는 나중에 나보다 더 좋은 엄마가 되었으면 좋겠어."

엄마의 온기가 오래 기억되길

〈가브리엘과 장〉

르누아르의 작품은 세상의 빛과 행복을 모두 화폭에 옮긴 듯 따스하다. 특히 〈가브리엘과 장Gabrielle et Jean〉은 르누아르의 어린 아들 장과 유모 가브리엘이 다정하게 놀이하는 모습을 담았다. 아기와 놀아주는 그림은 아름답지만 솔직히 아기와 놀아주는 아빠 엄마의 현실이 늘 그림처럼 아름다운 것만은 아니다.

마음은 '책을 읽어줘야 하는데……' 하면서도 종일 아기를 보다 저녁때가 되면 목소리도 안 나오고 피곤하기도 하다. 아이가 원하는 만큼 놀아주지 않아 종종 보챌 때면 내 표정에서 육아의 무게가 그대로 드러나곤 했다.

종일 피곤하게 아기를 보다 아이가 100일 남짓 되던 어느 날, 문득 그런 생각이 들었다. 아침마다 기분이 좋은 아이가 신기하다고. 어쩌면 아기는 아침마다 저렇게 좋아서 웃을까? 그러고 보니 살아온 삶이 고작 100일인 아이에게 하루는 얼마나 길고 특별한 의미일까? 새로운 하루가 시작되는 아침이 익숙하지 않아서 아기는 그 하루의 소중함과 기쁨을 본능적으로 아는 것은 아닐까 하고 말이다.

나에게는 비슷한 일상이 아이에게는 아주 길고 특별한 시간이라고 느껴지기 시작하자 피곤해도 더 많이 놀아주고 사랑해 줘야겠다는 생각을 하게 되었다. 서른이 훌쩍 넘은 어른으로 살다 보니 상대적인 시간에 대한 이해가 부족했던 것 같다. 어른들은 아주 어릴 적의 감정은 잊고 살아가니까.

3세 이전 아이에게 애착 형성은 매우 중요하다. 주 양육자의 따뜻한 스킨십과 사랑한다는 표현, 놀아주는 시간과 온화한 태도는 아이에게 신뢰감을 형성해준다. 반면 예상치 못하게 주 양육자와 떨어지는 시간이나 무관심한 태도, 부족한 스킨십은 아이를 불안한 정서로 몰아넣을 수밖에 없다.

아이가 엄마와 떨어지면 바로 눈물을 흘리는 것도 본능적으로 자신이 보호받아야 할 여린 존재라는 것을 알기 때문일 것이다. 아이가 악을 쓰고 울 때의 두려움은 분명 어마어마한 크기일 것이다. 그 불안감 속에서 엄마의 체온은 얼마나 따스한 안정감이 되어줄까? 누군가에게 간절한 존재가 된다는 것은 종종 엄마가 살아가는 이유가 되기도 한다.

피에르 오귀스트 르누아르, 〈가브리엘과 장〉, 캔버스에 유채, 65×54cm, 1895~1896

　그렇게 피곤할 때마다 '울어줘서 고마워', '엄마를 찾아줘서 고마워', '엄마 품에서 즐겁게 놀아줘서 고마워'라고 생각을 하니 돌아오지 못할 순간이 더없이 소중하게 느껴지곤 했다.

　말도 못 하는 아이가 엄마 품에서 나누던 기억이 어른이 되어서까지 남아 있지는 않겠지만 볼을 맞대고 나누던 체온에서 엄마의 사랑이 자연스레 전해졌으면 한다. 그 사랑이 아이의 감정에 깊이 내려앉아 안정적인 정서를 가진 아이가 되기를.

어리고 여린 아이의 입장이 되어 르누아르의 그림을 보니 아이의 모습에서 포근한 안정감이 전해진다. 그러고 보니, 나는 그동안 르누아르의 그림을 유모의 시선에서 보았지 아기의 시선에서 보지 않았었다. 아이의 시선으로 그림을 보며 린이에게 그림 속의 아이를 손가락으로 가리키니 린이는 자기도 아기면서 "아기, 아기" 하고 반응한다. 르누아르의 그림은 엄마와 아기 모두에게 정서적 안정을 전한다.

이번 주 아이의 방문에 어떤 작품을 붙여놓을지 고민하다 르누아르의 작품을 붙이고 생상스의 〈동물의 사육제〉 중 '백조'를 틀어놓았다. 빛과 행복이 가득한 르누아르 작품처럼 따뜻하고 편안해지는 곡이다.

건강하게 놀고 보채는 아이에게 고맙다. 아이가 행복하고 건강하게 자라는 것이 아빠 엄마에게는 가장 큰 효도다.

호기심과 열정을 가지고 자유롭게

〈아테네 학당〉

이탈리아의 르네상스를 이끈 중요한 인물로 꼽히는 라파엘로 산치오^{Raffaello Sanzio}. 그는 출중한 재능으로 명성을 얻었을 뿐만 아니라 호남형의 외모로 부러움을 한 몸에 받았던, 요즘 말로 '세상 혼자 사는' 멋진 화가이자 건축가이자 디자이너였다. 보통 천재 예술가들은 고집불통에 감정 기복도 심하다는 편견이 있지만 라파엘로는 훌륭한 성품까지 갖추어 모든 사람들이 그를 좋아했다고 하니 알면 알수록 참 멋진 사람이 아닐 수 없다.

당시 교황 율리우스 2세는 예술가에게 바티칸궁의 방을 장식하는 일을 의뢰했고 이 작업은 라파엘로의 명성을 절정으로 끌어올린 계기가 된다. 바티칸 교황청에 그린 프레스코화[14] 가운데 특히 '서명의 방'에 있는 〈아테네 학당^{School of Athens}〉은 그의 특별한 재능을 잘 드러내준 작품이다. 전체적인 구성도 치

라파엘로 산치오, 〈아테네 학당〉, 프레스코, 579.5×823.5cm, 1510~1511

밀하고 인물을 풀어내는 서사도 탁월하다.

라파엘로가 〈아테네 학당〉을 그릴 당시인 르네상스 시대에는 인간 존중을 바탕으로 하는 인문주의가 발달했다. 작품은 자유로운 사고가 존중되었던 인문주의의 영향을 받아 고대 그리스 지식인들이 모여 진리를 탐구하는 내용을 담았다. 한 사람 한 사람의 제스처가 그 사람의 연구와 관련되어 있어 구성의 단단한 짜임새가 느껴진다.

그림을 보자. 〈아테네 학당〉에는 54명의 인물이 그려져 있다. 대부분 학자들이라서 학문과 관련한 책을 들고 있거나 연구를 하는 모습으로 그려져 있다. 그림의 가운데를 보면 두 할아버지가 보인다. 소실점[15]을 향해 가는 원근감이 강조된 배경 때문인지 두 인물이 중요한 사람들이라는 것을 구도에서도 느낄 수 있다. 두 할아버지는 고대의 가장 위대한 철학가인 플라톤과 아리스토텔레스다. 손가락으로 하늘(이데아)을 가리키는 사람이 플라톤, 지상(현실)을 가리키는 사람이 아리스토텔레스다.

그림에는 아이가 학교에서 접하게 될 위대한 학자들이 등장한다. 칠판을 보고 문제를 푸는 듯한 피타고라스, 골똘히 생각에 잠겨 무언가를 적고 있는 헤라클레이토스, 사람들에게 설명을 하는 듯한 소크라테스, 컴퍼스를 들고 있는 유클리드 등 그림 속의 학자들은 자신이 연구하는 학문의 특성을 고스란히 드러내고 있다.

학자들의 모습은 마치 폴리백 속에서 자신을 상징하는 도구를 하나씩 들고 나오는 장난감 피규어 같기도 하다. 아이가 캐릭터를 알고 피규어를 사는 것처럼 그림도 한 명 한 명의 인물들을 알고 읽어나가면 즐거움이 배로 커질 것이다. 라파엘로는 자신의 모습도 그림에 담았다. 바로 오른쪽에 까만 모자를 쓰고 화면 밖을 가만히 응시하는 사람이 화가 자신이다.

아이를 무릎에 앉히고 한 명 한 명의 학자들을 설명했다. "린아, 이 아저씨 손에는 뭐가 있지?" "이 아저씨는 책을 읽는 것이 즐거운가 봐." "이 아저씨는 하늘을 가리키고 있네?" 이렇게 그림 속의 제스처를 아이가 이해할 수 있도록 그림을 읽어주었다. 한 명 한 명의 모습이 아이의 호기심을 자극하는 듯했다.

이 그림을 보면 모든 인물이 자신이 좋아하는 일에 호기심과 열정을 가지고, 자유롭고 적극적으로 소통하는 모습이 참 좋아 보인다. 웅장한 배경 때문인지 학문에 대한 존경심과 찬양이 묻어나기도 한다.

아이에게 공부가 가장 중요한 것이라고 말하고 싶지는 않다. 아이가 살아갈 시대는 교과서에서 정답을 찾는 것이 아니라 창의적으로 답을 탐구해나가는 시대가 될 테니까. 다만 무엇이 되든 아이의 가슴을 뜨겁게 하는 공부가 있었으면 좋겠다. 호기심이 생기고 계속 알고 싶은 어떤 것. 아이에게는 어떤 공부가 마음에 들어오게 될까?

〈아테네 학당〉 속의 학자들처럼 아이도 자신이 좋아하는 일에 자신감을 갖고 끊임없이 호기심을 품었으면 좋겠다. 그리고 그 열정이 아이의 삶에 끊임없는 활력과 행복을 가져다주었으면 한다.

나의 작은 영웅

〈나폴레옹 1세와 조세핀 황후의 대관식〉

아이가 학교에 가면 세계와 한국의 역사를 배울 것이다. 역사를 알면 큰 시각을 가지게 되고 현재를 보는 눈도 더 높아지게 된다. 역사를 배우면 알게 되겠지만 세상을 다 집어삼킬 듯했던 나라가 패망의 길을 걷기도 하고, 정말 힘없던 나라가 패권을 쥐게도 된다. 판세가 바뀌는 혼란의 시기마다 역사는 늘 교훈을 남긴다. 그리고 영웅은 그러한 난세에 탄생하곤 한다.

나폴레옹, 그는 세계사에서 빼놓을 수 없는 불세출의 인물이다. 지중해에 위치한 코르시카 섬에서 태어난 촌뜨기 나폴레옹 보나파르트는 비록 어눌한 발음으로 놀림을 받던 어린 시절을 보냈지만 프랑스혁명의 물결을 타고 프랑스 황제에까지 오르게 된다.

유럽의 여러 나라들을 신출귀몰 침략하며 세력을 확장하던

나폴레옹은 그 이름만으로도 적군을 벌벌 떨게 할 만큼 맹위를 떨쳤다. 화가 자크 루이 다비드Jacques Louis David는 나폴레옹을 영웅으로 칭하며 그의 초상을 많이 그렸고 현재까지 사람들이 사용하는 나폴레옹의 이미지들은 대부분 다비드가 그린 초상이다.

다비드는 나폴레옹의 신격화에 주력하여 진취적이고 강렬한 영웅의 이미지로 묘사하곤 했다. 특히 모자를 쓴 나폴레옹이 말을 타고 알프스를 넘는 작품 〈성 베르나르 협곡을 넘는 나폴레옹Le Premier Consul franchissant les Alpes au col du Grand Saint-Bernard〉은 당당함과 자신감에 위화감이 느껴질 정도다.

　사실 나폴레옹은 당나귀를 타고 추위에 떨며 힘겹게 알프스를 넘었다고 한다. 나폴레옹의 이미지를 위해 이런 그림을 그린 화가의 충성심도 대단하다. 그 때문에 권력에 아부한다는 안 좋은 평가를 받기도 했지만 대신 나폴레옹에게는 아낌없는 신임을 받았다.

　〈나폴레옹 1세와 조세핀 황후의 대관식*Sacre de l'Empereur Napoléon et Couronnement de l'Impératrice Joséphine*〉 역시 다비드의 작품이다. 길이가 10미터에 달하는 프랑스 역사상 가장 큰 작품이기도 하다.

　그림 속의 나폴레옹은 신격화되었지만 나폴레옹의 마지막 순간은 인간은 누구나 실패할 수 있음을 보여주듯 초라했다. 그는 전쟁에서 패배하고 세인트헬레나 섬에 유배되어 외로운 죽음을 맞이했던 것이다. 역사는 나폴레옹을 독재자 혹은 영웅으로 평가한다. 그의 야망은 실패로 돌아갔지만 꿈을 향한 불굴의 도전 정신만큼은 여전히 수많은 사람들의 존경을 받기 때문이다.

　나폴레옹의 대관식은 나폴레옹이라는 한 개인의 삶에서는 무척이나 벅찬 순간이었을 것이다. 일을 하다 보면 열정을 다한 일의 성취감이 깊은 감동으로 다가올 때가 있다. 아이의 삶에서 가슴 벅찬 순간은 언제가 될까. 언젠가 아이가 열정을 다

자크 루이 다비드, 〈나폴레옹 1세와 조세핀 황후의 대관식〉,
캔버스에 유채, 621×979cm, 1805~1807

하고 벅찬 희열을 느끼는 순간을 경험할 수 있었으면 좋겠다.

베토벤의 교향곡 3번 〈영웅〉은 프랑스혁명을 흥미롭게 바라
보았던 베토벤이 시대의 영웅 나폴레옹을 찬미하기 위해 쓴 웅
장한 교향곡이다. 그러나 나폴레옹이 황제가 되었다는 소식에
실망한 베토벤은 이 곡을 나폴레옹에게 보내지 않았다고 한다.

아이가 자주 있는 곳에 〈나폴레옹 1세와 조세핀 황후의 대관
식〉을 붙여놓고 베토벤의 〈영웅〉을 들려준다면 작품의 벅찬 희
열의 순간이 아이의 마음에도 전해지지 않을까.

삶을 사랑하길

〈로브 아 파니에를 입은 마리 앙투아네트 왕비〉

시대는 많이 지났어도 여전히 많은 여성들이 백마 탄 왕자를 만나 여왕 같은 삶을 살길 꿈꾸곤 한다. 돈 걱정 없이 여유 있게 일상을 누리면서 명품이며 보석이며 갖고 싶은 것들을 마음껏 사는 삶. 늘 맛있는 음식을 먹고 파티를 열며 자신을 떠받드는 사람들에게 둘러싸여 하루하루를 보내는 삶. 최고 권력자인 남편에게 궁전과 진귀한 보석들을 선물받고 성안에서 어여쁜 자녀들과 사는 삶. 그야말로 꿈같은 삶이 아닌가.

프랑스 왕실 화가로서 총애를 듬뿍 받았던 엘리자베스 루이즈 비제 르 브룅^{Elisabeth Louise Vigée-Le Brun}은 꿈같은 삶을 살았던 왕비의 모습을 화폭에 담았다. 그녀가 그린 그림 속의 주인공은 프랑스 왕비 마리 앙투아네트다.

마리 앙투아네트는 오스트리아의 숙적이었던 프랑스 왕과

엘리자베스 루이즈 비제 르 브룅
〈로브 아 파니에를 입은
마리 앙투아네트 왕비〉,
캔버스에 유채, 276×193cm, 1778

정략결혼을 해야 했고 낯선 땅에서 오스트리아 출신이라는 이유로 따가운 시선을 받아야 했다. 별장과 보석 때문에 구설에 오르며 민중의 미움을 샀고, 결국 프랑스혁명 이후 '사치'라는 죄목으로 처형당하게 된다. 죽기 전에 남편이 단두대에서 처형당하는 일을 겪어야 했고, 사랑하는 둘째 아들은 차디찬 감옥에서 폐결핵으로 사망했다. 처형당할 당시 스트레스로 머리가 하얗게 세었다는 마리 앙투아네트의 나이는 고작 서른여덟이었다.

　실제로 마리 앙투아네트는 왕비로서 검소한 축에 속했고 어려운 시민에 대한 연민의 감정도 충분했다고 한다. 하지만 왕비가 소통에 실패하면서 출신 성분에서부터 민중의 미움을 받게 되자 모든 행동들이 꼬리에 꼬리를 물고 오해를 일으킨 것이다.

부와 권력을 가진다는 것, 공주나 왕비로 살아간다는 것은 곧 사회의 지도층으로 살아간다는 의미다. 부와 권력에는 그 무게에 비례하는 책임이 따르게 된다. 그 책임을 다하지 못했을 때는 세상에서 가장 불행한 삶을 살게 된다. 왕비에게 왕비로서 권리만 존재한다면 왕비의 삶이 더할 나위 없이 이상적이겠지만 현실은 그렇게 녹록지 않다. 그에 걸맞은 의무를 이행하며 남들보다 몇 배로 타인을 배려하고 양보하고 소통해야 한다. 선한 행동도 오해를 일으킬 수 있으므로 그만큼 다른 사람들의 시선에도 신경 써야 한다. 한마디로 왕관의 무게를 버티는 일은 무척 힘들다.

그림을 보며 아이에게 이야기했다.

"린아, 여왕은 허리를 이렇게 꽉 조여서 숨이 막힐 것 같지 않니? 화려하게 부푼 치마와 머리 장식은 불편하고 무거워 보여. 늘 다른 사람의 눈치를 보며 웃어야 하는 것도 무척 불편한 일일 거야. 그러니 린아, 여왕을 부러워하지 말고 스스로 행복한 삶을 개척해나가렴. 완벽해 보이는 사람에게도 고통이 있고, 부족해 보이는 사람도 충만하게 살 수 있는 거니까. 타인이 너를 여왕으로 만드는 것이 아니라 네 마음이 너를 여왕으로 만들 수 있었으면 좋겠어. 누구도 부러워하지 않고 자신의 삶을 사랑하면서 말이야."

아름다운 사람보다 따뜻한 사람

〈미인도〉

가느다란 눈매의 동양적인 얼굴에 작은 체구를 가진 여인이 단아하게 서 있다. 이 작품은 조선 시대 최고의 미인도로 꼽히는 혜원 신윤복의 〈미인도美人圖〉다. 신윤복은 사랑했던 여인을 정성을 다해 화폭에 옮겼다고 한다.

너무나 아름다워서 유명해진 〈미인도〉. 하지만 솔직히 너무 아름답다고 하기에는 애매함이 있다. 이 여인을 현대의 아름다움을 기준으로 평가한다면 오히려 평범하고 수수한 외모에 가깝다. 흔히 사람들은 서양인처럼 뚜렷한 이목구비에 큰 눈망울, 큰 키를 미의 기준으로 생각하니까. 키가 크기 위해 어릴 때부터 키 클리닉을 다니기도 하고 코를 높이거나 눈을 크게 만드는 성형을 하기도 한다. 조선 시대 〈미인도〉의 주인공이 요즘 태어났다면 오히려 성형을 하고 작은 키에 콤플렉스를 가

신윤복, 〈미인도〉, 비단에 채색,
114.2×45.7cm, 18세기

졌을지도 모른다.

학생 때 교과서에서 당나라 미인 조각상을 보고 큰 충격을 받았던 것이 기억난다. 오히려 추녀라는 표현이 맞을 만큼 작고 뚱뚱한 몸과 살에 묻혀버린 작은 이목구비가 예쁘다는 느낌과는 거리가 멀었던 것이다. 살이 쪄서 둥글 넙적한 얼굴에 뽀얀 살결을 가진 여인이 당나라의 미인상이었다. 영화에서는 판빙빙 같은 중국 최고의 미녀가 양귀비 역할을 맡기도 했지만 실제 양귀비는 당시 미인상에 미루어 작고 뚱뚱한 여인이었을 것이다.

그런가 하면 구석기 시대 여인의 모습을 표현한 조각 〈빌렌도르프의 비너스_Venus of Willendorf_〉는 더욱 뚱뚱해서 고도비만으로 보일 지경이다. 요즘 여성들은 보통 체형만 되어도 살이 쪘

다고 생각하고 어떻게든 다이
어트를 하려고 하는데, 과거
의 시각으로 보면 정말 이상
한 행동일 것이다.

미의 기준이란 그런 것이
다. 외형적인 아름다움의 기
준은 시대를 초월하는 가치가
아닌, 그 시대에 유형처럼 일
시적으로 지나가는 사람의 기
호일 뿐이라는 것을 아이에게
알려주고 싶었다. 지금은 뚱
뚱하고 못생겼다고 여겨질 만

작자 미상, 〈빌렌도르프의 비너스〉,
돌, 11.1cm, BC 2만 5000~2만 년

한 여자도 당나라 시대에는 최고의 미녀일 수 있고, 지금 예쁘
다는 말을 매일 듣는 여자도 과거로 가면 추한 외모일 수 있다.
그런 일시적인 평가에 연연하기에는 시대를 초월하는 다른 아
름다운 가치들이 너무 많다.

나는 고슴도치 엄마라서 세상에서 우리 아이가 가장 예쁘다.
그래서 아이에게 늘 말한다. "린이가 세상에서 제일 예쁘네. 누
굴 닮아서 이렇게 예쁠까? 눈도 예쁘고 코도 예쁘고 손도 발
도 예쁘네." 이렇게 칭찬을 해주면 아이는 알아듣는 것인지 미

소를 보이며 좋아한다. 누워 있는 아이를 부드럽게 마사지하며 예쁘다고 말해주면 아이와 안정적이고 사랑이 담긴 애착을 형성할 수 있다.

신윤복의 〈미인도〉를 보여주며 아이에게 미의 기준은 늘 변한다는 것을 말해주었다. 그리고 아빠 엄마에게는 세상에서 가장 예쁜 딸이니까, 외모에 집착하지 말고 아름다운 마음을 채워 좋은 향기를 전하는 따뜻한 사람이 되었으면 좋겠다고 속삭였다.

겸손하되 자신감은 넘치게

〈대사들〉

"자리가 사람을 만든다"는 말이 있다. 그런데 정말로 어떤 사람이 한 가지 일을 오래 하다 보면 그 일의 성격이 외모에도 묻어나게 된다. 예를 들어 수영을 잘하는 수영선수의 얼굴이 귀여운 물개 같아 신기한 적도 있었다. 선생님은 왠지 모르게 선생님만의 분위기가 있고 예술가는 예술가만의 자유로운 분위기를 풍긴다. 처음에는 서툴더라도 오래 어떤 일을 하다 보면 자연스럽게 그 자리에 사람이 맞추어진다. 시간이 지남에 따라 일에 맞는 용모와 매너 그리고 말투를 갖추게 되는 것이다.

한스 홀바인Hans Holbein the Younger의 〈대사들The Ambassadors〉에 등장하는 인물들은 한눈에 봐도 부유한 사회 지도층이다. 화려하면서도 기품 있는 옷을 입은 인물들 뒤에는 지성을 자랑하듯 지구본, 수학 책, 해시계 같은 도구들이 놓여 있다. 실제로 그

림 속의 주인공들은 프랑스에서 부와 명예를 가진 상류층 지성

인들이었다. 그런데 그림 가운데 뭔가 길쭉하고 이상한 형상이

보인다. 화가는 옆으로 늘어난 해골의 모습을 화려한 카펫에

숨겨두었다.

　이 그림을 주문한 사람은 그림의 왼편에 위치한 프랑스 대사

장 드 댕트빌이었고 메멘토 모리^{Memento Mori}, 즉 '죽음을 기억하

라'가 그의 좌우명이었다. 부와 명예와 지성을 갖추고 당당하

게 살아가던 그에게 메멘토 모리는 결국 모든 것이 죽음을 초

월할 수 없음을 상기시켰던 것은 아닐까. 자신의 모든 것이 결

국 부질없음을 말이다. 무소불위의 권력도 죽음 앞에서는 덧없

음을 깨달을 때 우리는 더욱 겸손하게 살아 있는 순간 자체에

감사하게 될 것이다.

아이에게 작품을 보여주며 인물들의 표정에 실려 있는 당당함과 자부심을 느낄 수 있었으면 했다. 아이가 어떤 일을 하게 될지는 모른다. 하지만 어떤 일을 하든 시간이 지나면 아이가 하는 일의 분위기가 용모에 묻어날 것이다. 큰일이든 작은 일이든 그림 속의 주인공들처럼 긍정적인 마음으로 자신의 일을 사랑하고 자신감 있게 살았으면 한다.

다만 그 자신감이 오만으로 바뀌지 않도록, 혹은 일이 힘들다고 자책하지 않도록, 결국 시간은 흘러간다는 사실을 기억했으면 한다. 그래야 그만큼 '오늘' '나의 일'이 소중해질 테니까.

어린이집을 향하는 너를 보며

〈서당〉

아침마다 아이가 신난 걸음으로 어린이집을 향할 때면 내 마음에는 아이가 잘 적응할까 싶은 걱정과 친구들도 만나고 좋은 것들도 많이 배우기를 바라는 기대감이 교차한다. 여러 감정이 들긴 하지만 친구들과 함께 어울리며 학습하는 긍정적인 영향에 더 무게를 두며 아이를 어린이집에 데려다주곤 한다.

막 '선생님'과 '친구들'의 개념이 생긴 아이에게 보여주고 싶었던 그림이 바로 김홍도의 〈서당書堂〉이었다.

그림을 보면 가운데 나이 지긋한 훈장님을 중심으로 아이들이 양쪽으로 나란히 앉아 있는 모습이 보인다.

"엄마 아빠가 식사를 할 때나 공부를 할 때 그리고 일을 할 때는 늘 의자에 앉지만 옛날 우리나라 사람들은 주로 바닥에 앉아 생활했단다. 어쩐지 바닥에 앉아 있는 친구들이 불편해

김홍도, 〈서당〉,
종이에 옅은 채색,
26.9×22.2cm, 18세기 후반

보이지? 한 명씩 살펴볼까?"

　한 명 한 명 친구들의 표정을 짚어가며 이야기했다.

　옛날 서당에도 글을 외워오는 숙제가 있었는데, 이를 배송背
誦[16]이라고 한다. 가운데 눈물을 훔치는 아이는 아마도 글을 외
우지 못한 것 같다. 글을 외우지 못해 종아리를 맞아야 하니 뒤
돌아 눈물을 훔치며 바지를 걷는다. 자신의 차례가 지난 아이
들은 활짝 웃고 있지만 왼쪽의 몇몇은 아직 글을 외우지 못했
는지 책에서 눈을 떼지 못하고 있다. 오른쪽에는 갓을 쓴 아이
도 보인다. 옛날에는 10대에 결혼을 많이 했다. 지금 같으면 상
상하기 어렵겠지만 갓을 쓴 아이는 결혼한 아이다. 한 교실 안

에 결혼한 친구가 갓을 쓰고 어른처럼 앉아 있는 것이다. 같은 또래라도 결혼을 하면 전통적으로 더 어른으로 대접해주었다.

〈서당〉은 해학적인 묘사에 이야깃거리가 참 많은 작품이라 아이에게 보여주기에도 좋다. 이 작품을 보면 요즘 교실이나 예전 서당이나 별반 다르지 않다는 생각이 든다.

교실이라는 곳은 아이가 처음으로 접하는 사회다. 친구를 만나 즐거운 일도 많지만, 때론 친구로 인해 고민하고 속상해 하기도 한다. 성적 때문에 고민도 하고 공부가 지루하기도 할 것이다.

하지만 어른이 되고 나면 교실은 무척 그리운 공간으로 기억에 남는다. 학창 시절의 친구들은 허물없이 평생 가는 제일 친한 친구로 남는 경우가 많다.

삶에서 가장 좋은 친구들을 만날 수도 있고 낭만적인 추억을 만들 수도 있는 곳이 바로 교실이다. 우리 아이에게 교실은 대학에 가기 위한 곳이 아닌 추억과 낭만이 깃든 아름다운 기억이 되었으면 좋겠다. 숙제를 하지 않아 혼나거나 지각을 해서 벌을 서는 기억마저도 예쁘게 추억되기를.

김홍도의 〈서당〉을 보며 웃듯, 나중에도 교실의 기억이 아이를 웃게 했으면 좋겠다.

영혼의 단짝을 만나기를

〈인왕제색도〉

회색 도시에서 한 번쯤 고개를 들고 사방을 둘러보면 어렴풋하게라도 산이 보인다. 신경을 쓰지 않으면 보이지 않지만 일부러 보려고 하면 저 멀리 산의 능선이 아득하게 다가온다.

비가 많이 내렸던 어느 날, 막 비가 그친 삼청동에서 우산을 접고 걸어가다가 고개를 들어보니 정말 그림 같은 인왕산이 눈에 들어왔다. 뭔가 너무나 익숙하던 그 찰나, 학창 시절부터 많이 보았던 정선의 〈인왕제색도仁王霽色圖〉가 눈앞에 그대로 펼쳐졌다. 묘한 기분에 싸여 멍하니 안개가 피어오르고 구름이 지나가는 산을 바라보았다. 200여 년 전에 그려진 작품과 2017년 눈앞에 펼쳐진 산이 같은 모습이라는 것이 신기했다. 수백 년, 수천 년 전부터 그 자리에서 사람들의 삶과 욕망, 전쟁과 폐허와 희망을 보아왔던 산은 무슨 생각을 하고 있을

정선, 〈인왕제색도〉, 종이에 수묵, 79.2×138.2cm, 1751

지 궁금하기도 했다. 어쩌면 그렇게 변함없이 묵묵할까.

한편으로는 그렇게 삼청동을 왔다 갔다 하면서도 아름다운 인왕산이 쉬이 눈에 들어오지 않았던 것이 의아하기도 했다. 그 뒤로는 건물 사이를 지나가는 산의 능선을 일부러 찾아보곤 한다. 자주 등산을 하지는 못해도 그러면 조금은 편안해지고 시야가 넓어졌다.

아이가 생기고 나서는 아이가 조금 크면 삼청동에 데려가서 꼭 그 자리에서 인왕산을 보여주고 싶다고 생각했다. 정선의 그림과 인왕산을 같이 보면서 아이에게도 타임머신을 탄 기분을 전해주고 싶었다. 변화하는 도시 속에서 변치 않는 것을 보여주는 것이다.

〈인왕제색도〉는 정선의 대표작이다. 이전에는 사람들이 중국풍의 산수를 모방하는 그림을 그렸다면 정선은 실제 한국에 존재하는 경치를 그리는 진경산수화의 대가였다.

내가 동양화를 전공한 이유 중 하나가 빠른 속도로 그리는 붓 터치 하나하나에서 작가의 내공과 집중력이 전해져서였다. 한 번의 획으로 대상을 표현해내는 순간의 집중력이라든지, 과감하고 섬세한 기법들이 마치 붓과 작가의 영혼이 하나가 되는 순간을 보여주는 것처럼 느껴졌다.

〈인왕제색도〉의 바위산도 그렇게 대범한 필치로 표현되어 있다. 또한 이 그림에는 숨겨진 이야기가 있다. 화가들은 종종 자신의 감정을 그림 속에 드러내곤 한다. 그래서 그림은 알면 알수록 깊이 보이는 것이다.

겸재 정선은 이병연이라는 사람과 막역한 친구였다. 정선이 진경산수화를 그렸다면 이병연은 진경시의 대가였고 정선의 작품을 좋아하는 컬렉터이기도 했다. 이 둘은 인왕산이 보이는 동네에서 함께 자라며 우정을 돈독히 쌓아갔다. 어느덧 이병연이 나이가 들어 병에 걸리게 되었다. 평소 예술적 영감을 교류하던 친구를 위해 정선은 안타까운 마음으로 그림을 그렸다. 비가 막 그친 인왕산의 풍경을.

비가 그치고 날이 맑아지듯 친구의 완쾌를 바랐을지 모른다.

오른쪽 아래에 보이는 집이 이병연의 집이라고 한다. 그래서일까. 어둡게 표현된 바위산은 어딘지 모르게 슬퍼 보이기도 한다. 비 온 뒤의 풍경이 눈물에 젖은 듯하다. 안타깝게도 이병연은 그림이 완성되고 나흘 후에 세상을 떠난다. 그리고 친구를 향한 우정의 헌사인 〈인왕제색도〉는 정선을 대표하는 명작으로 남게 되었다. 아름다운 사연을 가진 그림이다.

아이를 데리고 삼청동에 갔다. 아이가 인왕산을 알아볼 수 있도록 〈인왕제색도〉가 담긴 이미지를 챙겼다. 평소 집에서 〈인왕제색도〉를 많이 보여주고 알아듣든 말든 그림에 대한 이야기를 들려주곤 했다. 프린트된 〈인왕제색도〉 이미지를 손에 들고 아이를 안으며 인왕산을 가리켰다. 눈을 동그랗게 뜨고 〈인왕제색도〉와 인왕산을 번갈아 보던 아이가 손가락으로 산을 가리킨다.

아이를 안고 아득한 인왕산을 보며 우리 아이에게도 그렇게 평생 지지해주는 친구가 생겼으면 하는 마음을 담았다. 아이가 자라서 삼청동에서 인왕산을 볼 때면 변치 않는 산처럼 쌓아가던 역사 속 대가들의 우정을 생각했으면 한다. 그 기억 속에 엄마와 인왕산을 보았던 추억이 따스하게 자리했으면 했다.

완벽하지 않아도 충분히 아름다운

〈모나리자〉

레오다르도 다빈치^{Leonardo da Vinci}의 〈모나리자^{La Joconde, Portrait de Monna Lisa}〉는 '명화'라는 수식어가 가장 잘 어울리는 작품이다. 세계에서 가장 유명한 작품을 꼽으라면 아마 1등은 예외 없이 〈모나리자〉가 차지하지 않을까. 웃는 듯 아닌 듯한 오묘한 미소로 전 세계인의 사랑을 받고 있는 작품 〈모나리자〉는 레오나르도 다빈치가 피렌체의 상인 조콘다 부인의 초상화로 제작했다고 하지만 여전히 여러 가지 수수께끼가 남아 있다.

레오나르도 다빈치는 이 그림을 4년 동안이나 그리고도 완성하지 못했다. 초상화가 주인에게 가지 못하고 다빈치 손에 남아 있었던 것도 의아한데, 그림에는 서명도 없고 주문서도 발견되지 않았다니 무언가 추리 소설 같다. 게다가 신기한 것은 여인의 얼굴이다.

레오나르도 다빈치, 〈모나리자〉,
패널에 유채, 77×53cm, 16세기경

〈모나리자〉는 완벽한 미녀의 모습이 아니다. 어떻게 보면 조금 덩치가 크고 수수한 아줌마의 모습이다. 그런 작품이 왜 이렇게 큰 사랑을 받는 걸까? 그건 아마도 작품이 가지고 있는 고유의 신비감 때문일 것이다.

'명화'의 대명사라 할 수 있는 작품이기에 아이에게도 작품을 보여주었다. "린아, 이 여인을 봐. 눈썹이 없네? 눈썹이 어디 있지?" 하며 〈모나리자〉의 눈썹을 가리키기도 했다. 〈모나리자〉를 옆에 들고 비슷하게 웃어보기도 하며 아이의 관심을 유도했다.

눈썹이 없는 것에는 눈썹이 지워졌을 수도 있다는 이야기를 비롯해 다양한 설이 존재하지만 어쨌든 눈썹이 없는 여인의 얼굴은 〈모나리자〉라는 작품에 신비감을 불어넣는 데 한몫을 한다. 편안한 자세의 여인은 너무나 부드럽게 미소를 짓고 있다. 이렇게 부드러운 표현을 위해 얼마나 많은 손이 갔을지는 〈모나리자〉의 신비한 미소가 대답해주고 있는 것 같다.

아이가 완벽하지 못한 자신이 가끔 속상하게 느껴질 때 〈모나리자〉를 떠올렸으면 좋겠다. 그래서 완벽하게 아름다운 것이 반드시 가장 사랑받는 것은 아니라는 것을, 어쩌면 그 사람을 가장 빛나게 해주는 것은 그 사람만의 특징적인 신비감일지도 모른다는 것을 기억했으면 한다.

아이가 자신의 개성들을 사랑하고 자신감을 가진다면 〈모나리자〉를 보고 이야기를 해준 시간이 더욱 보람되게 느껴질 것이다. 〈모나리자〉를 보여주며 아이에게 속삭인다.

"콤플렉스를 사랑하게 되면 오히려 그 콤플렉스가 린이를 당당하게 빛내는 장점이 되는 거야."

지친 마음도 쉬어가는 방

〈꽃들의 방〉

아직 아이에게는 방의 개념이 없다. 아이의 방은 사실상 장난감과 아이의 짐이 가득 점거해 있고 아이는 자신의 복잡한 방보다는 안방 한구석에 놓인 자기 침대로 숨어들어가길 좋아한다. 가끔 엄마의 화장품을 가져가 침대 구석에서 놀거나 이불을 빨고 베개에 얼굴을 부비며 편안한 표정으로 웃는 아이를 볼 때면 공간에서 느끼는 안정감이 전해진다.

이 시기의 아이들은 어딘가로 숨어들길 좋아하고 자신만의 공간에서 편안함과 즐거움을 얻곤 한다. 아이용 텐트처럼 어느 정도 막혀 있는 공간을 아이들이 좋아하는 이유이기도 하다. 잡지에 나오는 예쁜 아이의 방을 현실에서도 이루어주기는 쉽지 않겠지만 적어도 아이에게 안정감을 주는 밝은 방을 꾸며주고 싶은 마음은 있다.

차일드 해섬Frederick Childe Hassam의 그림은 그러한 화가 엄마의 마음에 닿은 작품이다. 연둣빛의 창밖에서는 금방이라도 한여름의 매미 소리가 들려올 것 같다. 환하고 달콤한 햇살이 방 안으로 쏟아져 들어와 방 곳곳을 아늑하게 만들어주는 작품은 아이의 마음도 환하게 빛내줄 것이다.

화면의 왼쪽을 소실점으로 하고 원근감 있게 표현된 방 안에는 여러 가지 물건들이 즐비한데, 특히 그림이 많이 걸려 있다. 방의 주인은 그림을 좋아하는 사람이라는 것을 눈치챌 수 있다.

앞쪽의 유리 화병에 풍성하게 꽂힌 노란 꽃 때문에 방 전체가 더 화사해 보인다. 특히 꽃병 뒤에 보일 듯 말 듯 조용히 책을 읽는 여인이 너무나 편안해 보인다. 자신이 좋아하는 물건들과 꽃이 있는 방에서 소파에 기대 책을 읽는 기분. 게다가 햇살도 이렇게 아름다운 날이라면 생각만 해도 참으로 달콤한 휴식이 될 것 같다. 방 안에 꽃이 많아서인지 이 그림의 제목도 〈꽃들의 방The Room of Flowers〉이다.

작가 차일드 해섬은 미국 출신이지만 프랑스 인상주의에 영향을 많이 받았다. 그래서인지 작품의 주인공이 '빛'으로 느껴질 만큼 빛이 스며든 방 안의 공기가 사물을 더욱 아름답게 빛내주고 있다. 환한 방 안의 아기자기한 물건들이 방을 쓰는 사

차일드 해섬, 〈꽃들의 방〉, 캔버스에 유채, 86×86cm, 1894

람의 스토리를 들려주는 것 같아 보는 즐거움이 있는 작품이다.

방 안은 자신의 취향이 가장 많이 묻어나는 곳이다. 하루를 끝내고 비로소 피곤한 몸을 누이는 곳. 방은 온 세상에서 가장 편안한 나만의 공간이다. 나에게 가장 소중한 것들이 보관되어 있고, 내 빈 시간을 채워주는 취미들이 있고, 내 꿈과 추억과 비밀이 숨어 있는, 그리고 기쁠 때나 슬플 때나 나를 안아주는 최후의 공간이다. 그래서 사람들은 대부분 작게라도 나만의 공간을 필요로 한다. 방은 그 사람을 가장 잘 이해하게 해주는 하나의 세계다.

아이에게 그림을 보여주며 "우리 사람을 찾아볼까?"라고 말을 걸었다. 편안하게 쉬고 있는 여인의 모습을 함께 찾아보며 그림을 감상했다.

"린이가 독립된 방을 쓰게 되면 머무르고 싶은 곳으로 예쁘게 꾸며줄게. 매일 봐도 편안하고 아늑한 곳으로. 그래서 린이가 늘 방 안의 포근한 공기 속에서 하루를 충전할 수 있도록 말이야."

방 그림을 보며 들려주는 엄마의 마음이 아이에게 얼마나 전해졌을까.

피곤한 하루를 보낸 아이에게 가끔 〈꽃들의 방〉이 마음의 휴식을 전해주었으면 한다.

당당히 빛나는 발레리나처럼

〈무대 위의 무희〉

에드가 드가Edgar Degas는 움직이는 인물을 포착하는 작업에 탁월했던 작가다. 드가의 작품 〈무대 위의 무희l'Etoile ou Danseuse sur scène〉를 보자. 위에서 내려다보는 시점 때문에 무희의 몸짓은 하늘로 올라갈 듯 더욱 역동적으로 느껴진다. 아름답게 팔을 뻗은 발레리나의 표정은 마치 자신의 몸짓에 취한 듯하다. 우아한 춤에 도취되었다고나 할까. 꿈을 꾸는 듯한 발레리나의 표정에서 자신감이 느껴진다.

누구나 주인공이 되고 싶을 때가 있다. 자신이 좋아하는 일에서 주인공이 되는 일은 한 번쯤 꿈꾸어보았을 것이다. 그럴 때 드가의 작품을 보면 기분전환이 된다. 그림 속의 그녀가 주인공이어서 아름다운 게 아니라 그녀의 표정과 몸짓이 그녀 자신을 주인공으로 만들고 있다. 어떤 일이든 자신이 도취할

에드가 드가, 〈무대 위의 무회〉,
종이에 파스텔, 58×42cm,
1876~1877

정도로 빠져들며 자신감을 가진다면 그 일의 주인공이 되는 것이다. 누가 주인공이라고 해서가 아니라 사실은 마음에 달려 있다.

우리 아이는 드가 그림을 좋아하는 것 같다. 명화 책에서 몇 번 보여준 적이 있는데, 어느 날 혼자 명화 책을 꺼내 드가의 그림을 빤히 보는 것이 아닌가. 여자아이기 때문에 하늘하늘한 발레복이 예뻐 보이는 듯했다. 드가의 그림을 프린트해 붙여놓고 차이콥스키의 음악을 틀어주었다.

발레 〈백조의 호수〉는 마법에 걸려 낮에는 백조, 밤에는 사람으로 살아가는 공주의 이야기다. 음악을 듣다 보면 드가의 작품처럼 무대 위를 움직이는 오데트의 모습을 상상하게 된다.

그림을 보여주며 아이에게 말했다.

"엄마는 늘 린이가 주인공이 되었으면 좋겠어. 누군가가 만들어준 주인공이 아니라 늘 자신의 일에는 주인공의 마음으로 임하는 거야. 자신을 취하게 할 수 있는 일을 하며 자신에게 당당하게 취할 수 있었으면 해. 이 그림 속의 여인처럼 충만한 미소를 지을 수 있다면 비로소 자기 일의 주인이 되는 거야."

드가의 이미지는 아이의 마음에 얼마나 다가갔을까? 아이가 긍정적이고 넓은 시각으로 자신의 일을 바라보았으면 한다. 그리하여 자신이 함으로써 의미 있는 그 일의 궁극적인 목적을 사랑하기를.

같은 일을 해도 일을 바라보는 시각과 마음에 따라 아이는 주인공이 될 수도 조연이 될 수도 있다. 이왕이면 주인공의 마음을 선택하는 편이 즐거울 것이다.

1   멤 폭스 지음, 《하루 10분 책 육아》, 신예용 옮김, 로그인, 2015.

2   이희숙 지음, 《스칸디나비아 예술사》, 이담북스, 2014.

3   작품 그 자체가 움직이거나 움직이는 부분을 넣은 예술 작품(출처: 두산백과).

4   헤티 판 더 레이트 외 지음, 《엄마, 나는 자라고 있어요》, 유영미 옮김, 김수연 감수, 북폴리오, 2007.

5   진 반트 헐 지음, 《적기에 시작하는 결정적 미술 놀이 60》, 이은선 옮김, 북라이프, 2015.

6   헤티 판 더 레이트 외, 위의 책.

7   프랑스어 프로테(frotter, 문지르다)의 명사형으로, 원래 뜻은 '마루에 밀초 먹이는 일'을 의미한다. 막스 에른스트가 바위나 나무의 거친 면에다 종이를 대고 연필로 문질러 얻게 되는 이미지에 주목한 후, 초현실주의의 독특한 기법 중 하나로 자리 잡게 되었다(출처: 미술대사전).

8   붓을 사용하는 대신 손가락이나 발가락 등으로 그리는 그림(출처: 한국 민족문화 대백과).

9   재질감. 표현된 대상 고유의 재질감을 가리키는 경우와 작품 자체 표면의 평활함과 울퉁불퉁한 질감 등 소재의 선택, 용법에 따라 창출한 표면 효과. 그림의 경우에는 화면의 질감을 의미할 때가 많다(출처: 미술대사전).

10 여러 색의 점을 빽빽이 인접하게 배치해 혼색되어 보이게 하는 기법.

11 허무(출처: 네이버 라틴어사전).

12 화면에 인쇄물이나 천, 쇠붙이, 나무 조각, 모래, 나뭇잎 등 여러 가지 물건 을 붙여서 구성하는 회화 기법 또는 그러한 기법에 의해 제작된 작품(출처: 고려대 한국어대사전).

13 회화에서 초안·스케치·밑그림 등의 뜻을 지닌 기법상의 용어(출처: 두산백 과).

14 소석회에 모래를 섞은 모르타르를 벽면에 바르고 수분이 있는 동안 채색하 여 완성하는 회화(출처: 두산백과).

15 회화나 설계도 등에서 투시하여 물체의 연장선을 그었을 때 선과 선이 만나 는 점(출처: 두산백과).

16 책을 스승이나 시관(試官) 앞에 펴놓고 돌아앉아서 외우는 것.

부록

화가 엄마의 ⬤15분⬤ 그림 육아 레시피

● 크레파스로 숨바꼭질 그림

| 재료 | **스케치북, 흰색 크레파스, 물감, 붓**

◆ 스케치북에 흰색 크레파스로
아이가 좋아하는 이미지를 그
립니다.

◆ 아이가 스케치북에 물감을 칠
할 수 있도록 지도합니다.

◆ 크레파스로 그린 이미지가 물
감 위에 나타나는 것을 관찰합
니다.

● 동전으로 숨바꼭질 그림

| 재료 | 스케치북, 동전, 연필

◆ 스케치북 뒷면에 여러 개의 동전을 깔아놓습니다.

◆ 아이와 함께 스케치북을 연필로 흐리게 칠합니다.

◆ 동전의 형태가 나타나는 것을 관찰합니다.

| 화가 엄마의 Tip! |

3세 이전의 아이가 혼자서 연필로 흐리게 칠을 하기는 어려우니 옆에서 도와주세요.

● 소금별 수채화 놀이

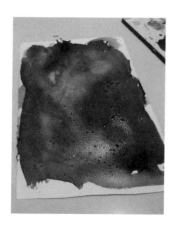

| 재료 | 스케치북, 물감, 붓, 굵은 소금

◆ 아이와 함께 스케치북에 진한 푸른색 물감을 골고루 칠합니다.

◆ 물감이 마르기 전에 소금을 살짝 뿌립니다.

◆ 아름다운 무늬가 나타나는 모습을 관찰합니다.

춤추는 수성 사인펜 그림

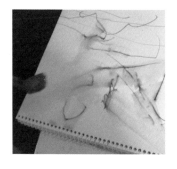

| 재료 | **스케치북, 수성 사인펜, 붓, 물통**

* 아이가 스케치북에 수성 사인펜을 끼적일 수 있도록 지도합니다.
* 붓에 물을 묻혀 스케치북에 칠합니다.
* 수성 사인펜이 물에 번지는 모습을 관찰합니다.

명화로 만든 그림 퍼즐

| 재료 | **명화 이미지, 두꺼운 종이, 가위, 자석, 접착제**

* 두꺼운 종이에 A4 사이즈로 출력한 명화를 붙입니다.
* 명화를 붙인 종이를 6등분하고 뒷면에 자석을 붙입니다.
* 그림을 냉장고에 붙이고 아이와 퍼즐을 완성합니다.

| 화가 엄마의 Tip! |
아이가 명화 퍼즐을 어려워하면 사람이나 캐릭터의 얼굴처럼 명료한 이미지로 연습해보세요.

● 나뭇잎을 찍어내는 판화

| 재료 | **스케치북, 나뭇잎, 테이프, 화장용 퍼프, 잉크**

◆ 스케치북에 다양한 종류의 나뭇잎을 붙입니다.

◆ 화장용 퍼프에 잉크를 묻혀 스케치북 전체를 찍습니다.

◆ 아이와 나뭇잎을 하나씩 떼어내며 패턴을 관찰합니다.

• 알록달록 밀가루 반죽

| 재료 | **밀가루, 빨간색 · 노란색 · 파란색 식용색소**

◆ 밀가루에 물을 넣어 반죽한 뒤 세 덩어리로 나눕니다.

◆ 식용색소를 몇 방울씩 떨어뜨리고 색이 골고루 섞이도록 반죽합니다.

◆ 완성된 밀가루 반죽으로 아이와 함께 형태를 만들어봅니다.

◆ 서로 다른 색깔의 밀가루 반죽을 섞어보며 색이 변하는 과정을 관찰합니다.

◆ 빨간색 + 노란색 = 주황색, 파란색 + 노란색 = 초록색, 파란색 + 초록색 = 보라색

| 화가 엄마의 Tip! |

밀가루 반죽을 준비할 여유가 없다면 아동용 클레이 제품을 이용해보세요. 간편하게 준비하고 정리할 수 있는 데다 밀가루보다 쭉쭉 늘어나는 성질이 있어 새로운 질감을 느낄 수 있습니다.

화선지 위의 먹물 마블링

재료 | **접시, 먹물, 화선지**

* 접시에 물을 채우고 먹물 몇 방울을 떨어뜨립니다.
* 화선지를 손바닥 사이즈로 접어 접시 위에 살짝 얹었다 떼어냅니다.
* 먹물 마블링이 찍힌 화선지를 잘 펴서 말리고 아이와 함께 관찰합니다.

춤추는 유리병 물감

재료 | **유리병, 물감, 스포이트**

* 다양한 모양의 유리병에 물을 담습니다.
* 스포이트를 이용해 진하게 푼 물감을 유리병 속에 떨어뜨립니다.
* 물감이 물에 번지는 것을 아이와 함께 관찰합니다.
* 서로 다른 색깔의 물감을 떨어뜨린 유리병의 물을 섞어 색의 변화를 관찰합니다.

• 점으로 그리는 그림

| 재료 | **스케치북, 펜, 동그라미 스티커**

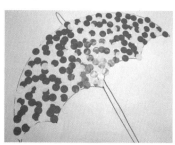

◆ 스케치북에 표현하고자 하는
  사물을 그립니다.

◆ 아이와 함께 동그란 모양의 빨
  간색·노란색 스티커를 그림에
  붙입니다.

◆ 멀리서 보고 가까이서 보며 빨
  간색·노란색 스티커가 주황색으로 보이는 것을 관찰합니다.

| 화가 엄마의 Tip! |

점묘주의 화법으로 완성된 조르주 쇠라의 작품을 보며 놀이해보세요. 빨강 + 파랑 = 보라,
파랑 + 노랑 = 초록 등 혼합되어 보이는 색채를 통해 미감을 기를 수 있습니다. 이때 두
가지 색의 스티커를 여백 없이 빽빽하게 골고루 붙여주는 것이 좋습니다.

• 쌍둥이 그림 데칼코마니

| 재료 | **스케치북, 물감**

◆ 스케치북을 반으로 접었다 폅니다.

◆ 한쪽 면에만 물감을 짠 뒤 스케치북
  을 접고 살짝 눌러줍니다.

◆ 아이와 함께 스케치북을 펼쳐 완성
  된 데칼코마니 작품을 감상합니다.

• 휴지로 찍는 판화

| 재료 | **스케치북, 펜, 가위, 테이프, 휴지, 접시, 물감**

- ◆ 바다, 숲 등 주제를 정하고 관련된 이미지를 10cm 이내로 그린 뒤 오려냅니다.
- ◆ 오려낸 이미지를 스케치북에 고정될 정도로만 살짝 붙입니다.
- ◆ 휴지를 돌돌 말고 테이프를 붙여 아이가 손에 쥘 수 있게 만듭니다.
- ◆ 접시에 물감을 짠 뒤 아이가 휴지에 물감을 묻혀 스케치북에 찍을 수 있도록 지도합니다.
- ◆ 30분 정도 물감을 말린 뒤 오려 붙인 이미지를 떼어내 그림을 완성합니다.

그림으로 만드는 요리

재료 | **스케치북, 크레파스, 가위, 프라이팬**

◆ 스케치북에 달걀, 가지, 당근, 파 등을 그립니다.

◆ 아이와 함께 그림을 색칠한 뒤 가위로 잘라냅니다.

◆ 잘라낸 그림을 프라이팬 위에 올려 아이가 놀이할 수 있도록 지도합니다.

그림 친구와 화장 놀이

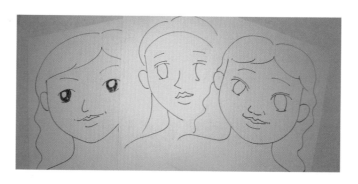

재료 | **스케치북, 펜, 가위, 테이프, 간단한 화장 도구**

◆ 스케치북에 눈, 코, 입과 얼굴을 크게 그립니다.

◆ 그림을 오리고 아이의 눈높이에 맞춰 벽에 붙입니다.

◆ 아이가 화장 도구로 놀이할 수 있도록 지도합니다.

화가 엄마의 45분 그림 육아 레시피

● 사랑을 담은 가랜드

| 재료 | **색지, 가위, 굵은 실, 양면테이프**

◆ 두께감이 있는 색지를 깃발 모
  양으로 잘라 총 3장을 준비합
  니다.
◆ 안경, 입술 등 포인트가 될 만
  한 이미지를 함께 준비합니다.
◆ 잘라낸 이미지의 맨 윗면을 1cm 정도 접고 안쪽에 양면테이프를 붙입니다.
◆ 굵은 실에 깃발과 포인트 이미지를 일정한 간격으로 붙입니다.

| 화가 엄마의 Tip! |

아이에게 전하는 편지로 가랜드를 꾸며보세요. 아이 방에 엄마의 사랑의 메시지가 자연스
럽게 스며들 거예요.

● 창의력을 키워주는 초점 책

│ 재료 │ **하드보드지, 가위, 테이프, 풀, 흰색 · 검은색 종이, 전기 테이프**

◆ 하드보드지를 15×15cm 크기로 5장 잘라냅니다.

◆ 하드보드지 사이에 약간의 간격을 두고 테이프로 이어 붙입니다.

◆ 하드보드지 전체에 흰색 종이를 붙입니다.

◆ 네모, 세모, 동그라미 등 다양한 형태로 자른 검은색 종이를 자유롭게 붙입니다.

◆ 전기 테이프로 테두리를 둘러 깔끔하게 마무리합니다.

│ 화가 엄마의 Tip! │

뒷면을 아이의 초점 발달에 도움이 되는 흑백 명화로 꾸며도 좋습니다.

• 칼더처럼 흑백 모빌

| 재료 | 골판지, 가위, 흰색 · 검은색 종이,
플라스틱 막대, 전기 테이프, 실

◆ 골판지를 자유로운 형태의 도형
으로 5개 정도 잘라냅니다.
◆ 잘라낸 골판지의 앞면엔 흰색,
뒷면엔 검은색 종이를 붙입니다.
◆ 검은색 면에는 흰색 도형을, 흰색
면에는 검은색 도형을 붙여 패턴을 만듭니다.
◆ 플라스틱 막대 여러 개를 전기 테이프로 연결해 나뭇가지 모양으로 만듭니다.
◆ 플라스틱 막대와 골판지 도형을 실로 묶고 전기 테이프로 고정합니다.

• 미감을 길러주는 명화 단어장

| 재료 | 출력한 명화, 두꺼운 종이, 풀, 펜

◆ 아이에게 가르쳐주고 싶은 사물
이 담긴 명화를 출력합니다.
◆ 출력한 명화를 두꺼운 종이에
붙인 뒤 하단에 단어를 씁니다.
◆ 아이에게 명화 단어장을 보여주
며 단어를 말해줍니다.

| 화가 엄마의 Tip! |

가급적 기법이 서로 다른 그림으로 단어장을 만들어보세요. 명작의 터치를 본 아이의 미감
이 쑥쑥 자라날 거예요.

● 알록달록 지점토 인형극

| 재료 | **지점토, 분무기, 아크릴 물감**

◆ 지점토를 적당한 크기로 나눕니다.

◆ 분무기로 물을 뿌려가며 한 덩어리씩 동물 모양으로 만듭니다.

◆ 완성된 지점토 동물을 통풍이 잘되는 곳에서 이틀 정도 건조합니다.

◆ 지점토 동물이 다 마르면 원색 계열의 아크릴 물감으로 채색합니다.

| 화가 엄마의 Tip! |

1. 먼저 몸통을 둥글게 만든 다음 팔, 다리 등 특징적인 요소를 붙여가면 좀 더 쉽게 형태
   를 잡을 수 있습니다.
2. 색지로 꾸민 종이 위에 지점토 동물을 올려놓고 인형극을 하듯이 동화를 들려주면 더욱
   의미 있는 활동이 될 거예요.

● 하나뿐인 프린팅 티셔츠

| 재료 | **흰색 티셔츠, 마스킹 테이프, 섬유 물감, 붓**

◆ 티셔츠에 마스킹 테이프를 붙여 직
  사각형의 큰 틀을 만듭니다.
◆ 직사각형 안에 마스킹 테이프로 아
  이의 이름 혹은 이니셜을 만듭니다.
◆ 붓이 직사각형 밖으로 나가지 않도록
  유의하며 섬유 물감으로 색을 칠합니다.
◆ 티셔츠를 통풍이 잘되는 곳에서 말린 다음 마스킹 테이프를 떼어냅니다.

● 장난감 먹는 토끼 상자

| 재료 | **종이 박스, 색지, 칼**

◆ 종이 박스 전체에 색지를 붙입니
  다.
◆ 다른 컬러의 색지를 토끼 모양으
  로 오려 박스 한쪽 면에 크게 붙
  입니다.
◆ 토끼의 입 부분을 장난감이 들어
  갈 정도의 크기로 잘라냅니다.
◆ 아이가 먹이를 주듯 장난감을 넣으며 정리할 수 있도록 지도합니다.

엄마가 만든 특별한 동화

| 재료 | **스케치북, 테이프, 펜, 색연필**

- 아이에게 들려주고 싶은 이야기의 흐름을 구상합니다.

- 이야기를 어떻게 보여줄지 스케치를 해보며 페이지를 계산합니다.

- 동화책에 필요한 페이지 수만큼 스케치북을 같은 크기로 자릅니다.

- 스케치북을 책처럼 넘겨볼 수 있도록 테이프로 연결합니다.

- 스케치한 그림을 자세히 그려 넣고 색연필로 예쁘게 꾸민 뒤 아이에게 동
  화를 들려줍니다.

• 달리처럼 초현실주의 콜라주

| 재료 | **출력한 풍경 이미지, 화가 달리의 작품 이미지, 가위, 양면테이프**

◆ 바다, 호수, 산 등 풍경 이미지를 출력합니다.

◆ 달리의 작품 여러 점을 출력하고 각각의 이미지를 오려냅니다.

◆ 오려낸 이미지 뒤에 양면테이프를 잘라 붙입니다.

◆ 풍경 이미지 위에 달리 작품의 도상을 자유롭게 붙여 아이와 초현실주의 그
   림을 완성합니다.

| 화가 엄마의 Tip! |

원래 그림보다 아주 크게 또는 아주 작게 이미지를 준비해보세요. 세상에 하나뿐인 초현실
적인 그림은 아이의 창의력 발달에도 도움을 줄 거예요.

이 책에서 소개하는 그림과 작품들

Chapter
1

1 김지희, 〈인밸류어블 모먼트*Invaluable Moment*〉, 폴리에 아크릴, 15×21×18cm, 2014.

2 김지희, 〈실드 스마일*Sealed Smile*〉, 장지에 채색, 72×60cm, 2014.

3 김지희, 〈버진 하트*Virgin Heart*〉, 장지에 채색, 72×60cm, 2014.

4 페더 세버린 크뢰이어, 〈스카겐 남쪽 해변의 여름 저녁*Summer Evening on Skagen's Southern Beach*〉, 캔버스에 유채, 100×150cm, 1893. _함께 감상하면 좋은 곡, 쥘 마스네 〈타이스의 명상곡〉

5 존 앳킨슨 그림쇼, 〈달빛 아래 리버풀 항구*Liverpool Quay by Moonlight*〉, 판넬에 오일, 61×91.4cm, 1887.

Chapter
2

1 파블로 피카소, 〈게르니카Guernica〉, 캔버스에 유채, 349.3×776.6cm, 1937.

2 바실리 칸딘스키, 〈30〉, 캔버스에 유채, 81×100cm, 1937.

3 김지희, 〈실드 스마일Sealed Smile〉, 장지에 채색, 53×45cm, 2015.

4 장승업, 〈호취도豪鷲圖〉, 종이에 수묵담채, 135.4×55.4cm, 19세기 후반.

5 알렉산더 칼더, 〈바닷가재 잡이 통발과 물고기 꼬리Lobster Trap and Fish Tail〉, 스틸, 260×290cm, 1939.

6 김지희, 〈실드 스마일Sealed Smile〉, 장지에 채색, 100×100cm, 2012.

7 김지희, 〈실드 스마일Sealed Smile〉, 장지에 채색, 90×72cm, 2013.

8 빈센트 반 고흐, 〈아를 포룸 광장의 카페테라스Café Terrace, Place du Forum, Arles〉, 캔버스에 유채, 81cm×65.5cm, 1888. _함께 감상하면 좋은 곡, 돈 맥클린 〈빈센트〉

9 빈센트 반 고흐, 〈해바라기Tournesols dans un Vase〉, 캔버스에 유채, 91×72cm, 1888.

10 빈센트 반 고흐, 〈까마귀가 있는 밀밭Champ de Blé aux Corbeaux〉, 캔버스에 유채, 50.5×103cm, 1890.

11 빈센트 반 고흐, 〈붓꽃Vase aux Iris sur Fond Jaune〉, 캔버스에 유채, 92×73.5cm, 1890.

12 폴 고갱, 〈설교 후의 환영La Vision après le Sermon ou la Lutte de Jacob avec Lange〉, 캔버스에 유채, 72.2×91cm, 1888.

13 폴 고갱, 〈우리는 어디에서 와서 어디로 가는가Où Venons Nous? Que Sommes Nous? Où Allons Nous?〉, 캔버스에 유채, 139×374.7cm, 1897. _함께 읽으면 좋은 책, 서머싯 몸 〈달과 6펜스〉

14 피터르 코르넬리스 몬드리안, 〈빨강, 파랑, 노랑의 구성Composition with Yellow, Blue and Red〉, 캔버스에 유채, 46×46cm, 1930.

15 피터르 코르넬리스 몬드리안, 〈타블로ITableau 1〉, 캔버스에 유채, 103×100cm, 1921.

16 마르크 샤갈, 〈푸른빛의 서커스Le Cirque Bleu〉, 캔버스에 유채, 232.5×175.8cm, 1950. _함께 감상하면 좋은 곡, 드뷔시 〈달빛〉

17 클로드 모네, 〈생-라자르 역La Gare Saint-Lazare〉, 캔버스에 유채, 75.5×104cm, 1877.

1 피에르 오귀스트 르누아르, 〈피아노 앞에 앉은 소녀들*Jeunes Filles au Piano*〉, 캔버스에 유채,
  116×90cm, 1892.
2 권현진, 〈비주얼 포에트리 – 싱글 채널*Visual Poetry–Single Channel*〉, still3, 2012.
3 조르주 쇠라, 〈그랑드자트 섬의 일요일 오후*Un Dimanche après-midi à l'Île de la Grande Jatte*〉,
  캔버스에 유채, 207.5×308cm, 1884~1886.

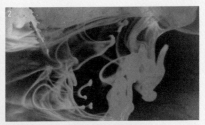

1 빈센트 반 고흐, 〈별이 빛나는 밤La Nuit Etoilée〉, 캔버스에 유채, 73.7×92.1cm, 1889.

2 빈센트 반 고흐, 〈귀에 붕대를 감은 자화상Autoportrait à l'oreille Bandée〉, 캔버스에 유채, 65×
   54cm, 1889.

3 마르셀 뒤샹, 〈샘Fountain〉, 혼합 재료, 63×48×35cm, 1917.

4 아드리안 판 위트레흐트, 〈해골과 꽃다발이 있는 바니타스 정물Vanitas-Still Life with Bouquet
   and Skull〉, 캔버스에 유채, 67×86cm, 17세기.

5 이태수, 〈여명〉, 스테인리스 스틸, 875×250×500cm, 2015.

6 김한기, 〈하늘은 희망의 공간〉, 스테인리스 스틸, 400×400×360cm, 2016.

7 살바도르 달리, 〈기억의 지속The Persistence of Memory〉, 캔버스에 유채, 24×33cm, 1931.

8 파울 클레, 〈황금 물고기Le Poisson d'or〉, 마분지에 유채, 49.6×69.2cm, 1925.

1 구스타브 클림트, 〈여성의 세 시기*The Three Ages of Woman*〉, 캔버스에 유채, 178×198cm, 1905.

2 피에르 오귀스트 르누아르, 〈가브리엘과 장*Gabrielle et Jean*〉, 캔버스에 유채, 65×54cm, 19세기. _함께 감상하면 좋은 곡. 생상스 〈동물의 사육제〉

3 라파엘로 산치오, 〈아테네 학당*School of Athens*〉, 프레스코, 579.5×823.5cm, 1510~1511.

4 자크 루이 다비드, 〈성 베르나르 협곡을 넘는 나폴레옹*Le Premier Consul franchissant les Alpes au col du Grand Saint-Bernard*〉, 캔버스에 유채, 259×221cm, 1800.

5 자크 루이 다비드, 〈나폴레옹 1세와 조세핀 황후의 대관식*Sacre de l'Empereur Napoléon et Couronnement de l'Impératrice Joséphine*〉, 캔버스에 유채, 621×979cm, 1805~1807. _함께 감상하면 좋은 곡. 베토벤 교향곡 3번 〈영웅〉

부록

289

6 엘리자베스 루이즈 비제 르 브룅 〈로브 아 파니에를 입은 마리 앙투아네트 왕비La Reine Marie-
   Antoinette en Robe à Paniers〉, 캔버스에 유채, 276×193cm, 1778.

7 신윤복, 〈미인도美人圖〉, 비단에 채색, 114.2×45.7cm, 18세기.

8 작자 미상, 〈빌렌도르프의 비너스Venus of Willendorf〉, 돌, 11.1cm, BC 2만 5000~2만 년.

9 한스 홀바인, 〈대사들The Ambassadors〉, 패널에 유채, 207×209.5cm, 1533.

10 김홍도, 〈서당書堂〉, 종이에 옅은 채색, 26.9×22.2cm, 18세기 후반.

11 정선, 〈인왕제색도仁王霽色圖〉, 종이에 수묵, 79.2×138.2cm, 1751.

12 레오나르도 다빈치, 〈모나리자La Joconde, Portrait de Monna Lisa〉, 패널에 유채, 77×53cm,
   16세기경.

13 차일드 해섬, 〈꽃들의 방The Room of Flowers〉, 캔버스에 유채, 86×86cm, 1894.

14 에드가 드가, 〈무대 위의 무희l'Etoile ou Danseuse sur Scène〉, 종이에 파스텔, 58×42cm,
   1876~1877. _함께 감상하면 좋은 곡. 차이콥스키 〈백조의 호수〉

내 아이를 위한 그림 육아

초판 1쇄 인쇄 2017년 10월 25일
초판 1쇄 발행 2017년 11월 5일

지은이 | 김지희
발행인 | 박재호
편집 | 홍다휘, 강혜진, 이미현
마케팅 | 김용범
관리 | 김명숙
종이 | 세종페이퍼
인쇄·제본 | 한영문화사

발행처 | 차이정원
출판신고 | 제 2016-000043호(2016년 2월 16일)
주소 | 서울시 마포구 양화로 156(동교동) LG팰리스 814호
전화 | 02-334-7932 팩스 | 02-334-7933
전자우편 | pjh7936@hanmail.net

ISBN 979-11-88388-11-0 03370

이 도서의 국립중앙도서관 출판시도서목록(CIP)은 서지정보유통지원시스템 홈페이지(http://seoji.
nl.go.kr)와 국가자료공동목록시스템(http://www.nl.go.kr/kolisnet)에서 이용하실 수 있습니
다.(CIP제어번호: 2017027001)

만든 사람들
책임편집 | 이미현
교정교열 | 윤정숙
디자인 | 이석운, 김미연
일러스트 | 김지희